J. FLEURY

EXCURSION

DANS LE

DOMAINE DU SOCIALISME

Dangers du Collectivisme

Bienfaits de l'Humanitarisme

SUIVI D'UN

Projet d'Institution de Colonies agricoles en France

PARIS

V. GIARD & E. BRIÈRE

LIBRAIRES-ÉDITEURS

16, Rue Soufflot, 16

1902

J. FLEURY

EXCURSION

DANS LE

DOMAINE DU SOCIALISME

Dangers du Collectivisme

Bienfaits de l'Humanitarisme

SUIVI D'UN

Projet d'Institution de Colonies agricoles en France

PARIS

V. GIARD & E. BRIÈRE

LIBRAIRES-ÉDITEURS

16, Rue Soufflot, 16

1902

EXCURSION

DANS LE

DOMAINE DU SOCIALISME

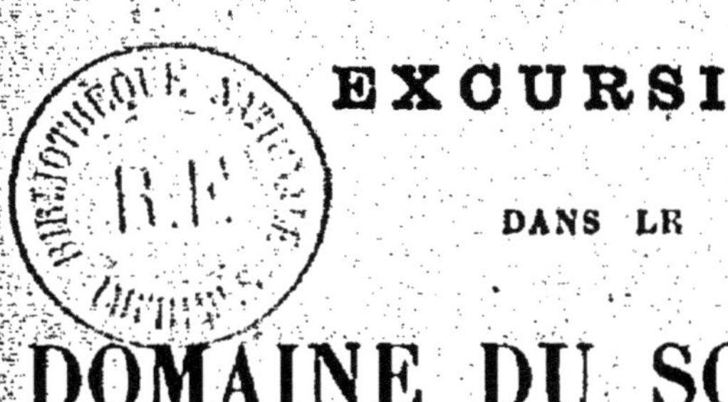

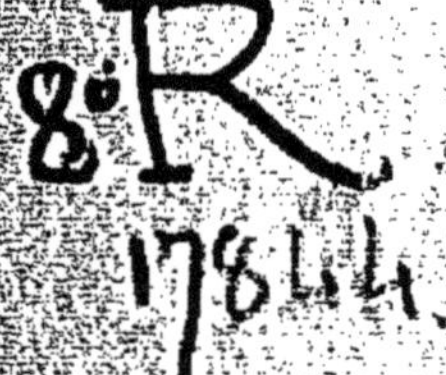

EXCURSION

DANS LE

DOMAINE DU SOCIALISME

Au moment où du socialisme certains esprits croient devoir extraire le collectivisme, dont ils prétendent qu'il est l'étrange progéniture, pour l'élever à la hauteur d'une institution d'État, applicable dans un temps plus ou moins rapproché, je n'ai pas cru inutile d'exhumer un travail que, dans un moment d'exaltation, je composai pour satisfaire à mon goût pour les questions humanitaires.

J'ai pensé que l'une comme l'autre de ces œuvres d'imagination, quoique procédant d'un degré à peu près égal d'utopisme, n'en devaient pas moins être mises en regard, dans le but de rendre le public juge de l'esprit qui les dicta, et de la place que, suivant leur mérite, elles devraient occuper dans la question sociale, comme aussi des conséquences respectives qu'entraînerait leur application.

En ce qui touche le collectivisme, on ne risque rien d'affirmer que la première fois qu'il en fut parlé,

jamais question ne fut, je ne dis pas controversée,
— les hommes aux idées saines le réprouvant avec
dédain, sans se donner la peine même de le discuter,
tant il paraissait impraticable, — mais ne sembla autant ridicule.

Aussi les plaisanteries, les sarcasmes ne se firent-
ils pas faute de se donner carrière, lorsqu'en 1848,
quelques hommes à l'imagination aussi fertile que pouvait être chez eux la générosité du sentiment, pensè-
rent bon d'en lancer l'idée, ne se doutant pas de la grave
atteinte qu'il pouvait en résulter pour le crédit de la
république en la faisant décrier ; idée qui ne fut pas
d'ailleurs une des moindres causes de sa chute,
en réalisation du dicton : « En France le ridicule
tue ! »

Quant à celle dont je m'institue le défenseur, que
pour la circonstance j'appellerai, si on veut, l'*humanitarisme*, elle fut de tous les temps et se pratique
depuis l'origine des nations, n'attendant que la révé-
lation d'un point de départ pour étendre à l'infini sa
bienfaisante influence ; et, loin même de nuire au crédit de la république, serait plutôt appelée à l'assurer
davantage, en raffermissant l'amour que tout citoyen
porte à son pays lorsque viennent à s'établir des liens
de solidarité.

Mais est-ce à dire que l'une ou l'autre soient appli-
cables, ou bien destinées à demeurer à l'état de pure
conception ?

La chose est indiscutable pour ce qui est du col-
ectivisme ;

Elle est problématique pour ce qui est de *mon* humanitarisme.

Indiscutable, pour le collectivisme, parce que celui-ci manque totalement de consistance et ne s'établirait que par la violence, et en vertu du droit légal.

Problématique, pour l'humanitarisme, parce que, si les conditions de la société actuelle ne sont guère de nature à en favoriser l'éclosion, on peut néanmoins se prendre à espérer, et que, se fondant sur le libre élan de la générosité, il serait de droit naturel.

Et le droit naturel prime le droit légal : le premier, c'est la liberté, l'autre, l'oppression.

Je viens de dire que l'humanitarisme fut de tous les temps ; j'ai dit aussi que la question du collectivisme fut agitée par les hommes de 1848 ; j'ajoute que ceux-là étaient bien autorisés à en parler, car leurs actions procédaient à la fois de leur profond attachement à la république, et de l'amour sincère de leurs concitoyens ; et que ce qui, à mes yeux, n'autorise pas ceux qui le proposent aujourd'hui, c'est la raison contraire.

Et la grandeur d'une œuvre ne se mesurant qu'au mérite de ceux qui l'ont conçue, il importe, en la circonstance, de savoir par qui est revendiquée, aujourd'hui, la question du collectivisme, qu'on voudrait mettre en application.

Ne serait-ce pas par ces hommes qui, dans le but de se maintenir et de se consolider au pouvoir, et par ceux qui font profession de les soutenir, de les glorifier par toutes sortes de manœuvres plus ou moins loyales, plus ou moins bien reçues par les cœurs honnêtes, promirent au peuple une république où il devait tenir tant de place, et où il n'occupe que celle, forcée et résignée, d'entreteneur pécuniaire de ce même pouvoir qui, à l'exemple de Mazarin, lui dit : « Chante, mais paie ! »

Ces hommes qui, après trente ans d'un régime soi-disant républicain, laissent la France dans un état lamentable, pire que le premier jour ?

Mais avant de reprendre nos récriminations, jetons un regard rétrospectif sur les événements qui suivirent la proclamation de la république actuelle, et les évolutions de ces mêmes hommes qui se sont perpétués jusqu'à ce jour, pour nous apporter de si beaux et si encourageants résultats !

———

Au 4 septembre de l'année néfaste, la république fut proclamée en France, et sa destinée remise aux mains d'un gouvernement provisoire dit de *défense nationale.*

Le peuple se voyant trahi dans ses intérêts et dans son honneur par l'Empire, accepta d'enthousiasme la république.

Une assemblée nationale fut élue à l'instigation d'un gouvernement de transition, pour n'être elle-même qu'un autre gouvernement de passage, succé-

dant au premier, pour traiter uniquement des conditions de la paix.

Cette assemblée, qui était en majorité monarchiste,
au lieu de s'en tenir là, se laissa entraîner dans la voie
constituante par celui qu'elle avait nommé chef du
pouvoir exécutif, et bien qu'à plusieurs reprises, ce
même chef du pouvoir exécutif lui eût signifié qu'elle
n'avait pas un mandat constituant.

Mais il avait son but. Ayant professé toute sa vie
des principes monarchiques, il crut devoir profiter de
ce que l'assemblée n'était pas plus républicaine que
lui, pour faire une république où la part du peuple ne
tiendrait que juste la place qu'on ne pouvait lui refuser : celle de lui laisser le droit, qu'il n'avait cessé
d'exercer, au suffrage universel, pour l'élection de
la chambre des députés ; encore jugea-t-il que cette
part était trop belle, et, pour l'amoindrir, il crut devoir
procéder à l'institution d'un Sénat, nommé au suffrage restreint, avec prépondérance sur la chambre
des députés en ce sens qu'il avait droit de la dissoudre sur la proposition (ou sous-entendu, sur le consentement) d'un troisième pouvoir : Le chef du pouvoir exécutif.

Et enfin, il fut procédé à l'institution de ce troisième
pouvoir par la nomination d'un président de la république, élu à la majorité des deux chambres réunies
en congrès.

Ainsi fut constituée une république bourgeoise, ou
monarchique, comme l'on voudra, à l'image de l'assemblée constituante, au lieu d'une république démo-

cratique, comme il convenait de la donner au peuple.

Malgré l'anomalie de ces conditions, le peuple les accepta, parce que si, après tout, il avait été déçu dans tout le reste, on lui laissait toujours un gouvernement à étiquette républicaine.

« Après avoir tant combattu, nous être tant compromis, nous l'avons donc cette république de notre cœur ! » s'écriaient avec joie tous ceux que les rigueurs, les menaces et les persécutions de l'empire n'avaient pu arrêter dans leur élan à poursuivre la réalisation de leur beau rêve !

« — Oui, vous l'avez ; mais vous allez voir dans quelles conditions nous allons vous permettre de la posséder » , dit M. Thiers, « l'illustre libérateur du territoire ! » — Nous allons d'abord commencer par nous installer à Versailles pour que ce Paris, rendu héroïque par un siège de six mois, siège qui lui a permis de donner toute la mesure de son patriotisme, ne vienne mettre des entraves à notre arrière-pensée de rétablir une monarchie, ou, pour le moins une république tellement réactionnaire qu'elle en sera la plus fidèle image. »

Mais Paris, ne l'entendant pas ainsi, fit la commune !

Et Thiers entreprit d'être le bourreau de la commune, malgré qu'en certaine circonstance il eût déclaré qu'il envisageait la commune comme « l'explosion du patriotisme ! »

Il ne lui était pas difficile d'arriver à son but criminel en faisant marcher les débris de cette vaillante armée, trahie lorsqu'elle luttait contre l'étranger comme elle devait être mystifiée, lorsqu'à son retour on lui dit qu'il fallait exterminer Paris pour sauver la patrie et la république ; qu'il fallait combattre contre ses frères exténués par les rigueurs du siège et exaspérés du doute qu'on cherchait à faire planer sur leur patriotisme :

— En disant la patrie, on ne disait pas la France de tous les Français !

— En disant la république, on ne disait pas la république du peuple !

———

Lorsque fut vaincue la commune, l'assemblée nationale, ou assemblée de malheur, née d'une surprise, fut, malgré sa victoire, malgré son élément réactionnaire, forcée de reconnaître la république, imposée par le peuple français, et, par la voix de son grand meneur, clama : « Oui, vous l'avez votre république ; mais rappelez-vous qu'elle ne devra rester qu'au plus sage ! » (Les plus sages, c'étaient lui, et l'assemblée réactionnaire qu'il avait sous la main.) Et « arrière les *fous furieux* ». (Les fous furieux c'étaient les vrais, les purs républicains, Gambetta en tête.)

Sous l'influence du moment, avec une France désorientée, et les injonctions de M. Thiers, les républicains durent se tenir cois, et se demander si, après tout, cet homme d'État n'avait pas raison, et s'il ne valait pas mieux aller lentement, que d'aller trop vite afin d'être sûrs d'arriver sans risquer le sort de la république. Gambetta, lui-même, se laissa persuader, et lorsqu'à son tour il gravit les degrés du pouvoir, il adopta cette conduite dont il fit même une doctrine : l'*opportunisme*, avec l'arrière-pensée évidente (il était trop ardent patriote pour qu'il en fût autrement) de ne lui accorder que le temps nécessaire à préparer les voies au progrès, dont sa fin prématurée lui empêcha de poursuivre la crescendance.

C'est de cette doctrine, et des théories qui en relevaient, que ses successeurs se servirent pour tenir la France sous le joug d'un *modérantisme* préconçu et suspect d'intentions les plus rétrogrades.

Néanmoins, se confiant à leurs promesses, le peuple voulut bien leur accorder tout crédit en faveur de ce qu'il les croyait pénétrés des mêmes sentiments qui avaient animé leur chef, et se fit leur auxiliaire résolu lorsqu'il fallut combattre le gouvernement réactionnaire dit du *seize mai*.

Mais, par la suite, ceux-ci comprenant que l'*opportunisme* commençait à s'user, d'autant qu'il n'avait rien rapporté, et qu'il finissait par soulever des impatiences par son piétinement sur place, inventaient un autre mot qui devait séduire les masses, celui de *radicalisme* et, avec autant de raison, qu'ils savaient que le peuple n'avait jamais demandé autre chose qu'une république dans toute son intégralité, en pure négation du pouvoir existant, dont l'indolence et l'insouciance de toute réforme finissait par énerver les membres et lasser l'esprit ; d'un gouvernement, enfin, dans tous les éléments constitutionnels que comportait le *radicalisme*.

Mais hélas ! il fallut déchanter !

Ce *radicalisme* ne donna pas plus que n'avait donné l'*opportunisme*, et ne fit, au contraire, que nous rendre témoins de la formation de *petites églises* composées de *sectaires*, d'*illuminés* et d'*inertes*, qui, à un moment donné, semblèrent se rendre au besoin de réformes, mais à la première tentative dans ce sens, capitulèrent devant l'injonction de cette assemblée bâtarde appelée le Sénat, qui ne fut jamais que calamiteusement réactionnaire, aussi réactionnaire que le comportait l'esprit des éléments qui présidèrent à son sénile enfantement, —j'ai parlé de l'impôt sur le revenu.

On fut donc obligé de s'apercevoir que ce *radicalisme* ne faisait que dissimuler un subterfuge à l'usage de ces mêmes hommes qui, disons toujours la vérité, visaient plutôt aux avantages du pouvoir qu'au bien du peuple et du pays.

Et de deux !

Mais il y en avait un troisième qui attendait de se montrer : le *socialisme* !

Le peuple, toujours confiant, s'empressa d'accueillir ce nouveau-venu, sans le connaître, et, d'autant plus chaudement, que la forme sous laquelle on le présenta ne pouvait que séduire comme faisant partie intégrante du système républicain, s'il n'était même la parfaite intégralité de la république, et sa seule raison d'être.

Eh bien ! non ! Ce socialisme, extrait du principe vital de la république, ne nous dit, non plus, rien qui vaille !

Et plutôt que de nous avouer tout de suite qu'on entendait faire du socialisme une cause plus doctrinaire encore que ses aînés l'opportunisme et le radicalisme, ses promoteurs se livrèrent à de nouvelles manœuvres, le compliquant de collectivisme, frère ou cousin du communisme, lui faisant tendre ensuite la main à un socialisme international, avec qui, après avoir d'abord fait échange de congratulations, il devait s'empoigner et se battre, et enfin, envenimèrent si bien les choses, que ce qui aujourd'hui domine le plus c'est un tohu-bohu inimaginable.

— Tout cela pour donner aliment aux ambitieux du pouvoir, qui en firent le prétexte de leur « défense républicaine » afin de réduire les sincères socialistes au point où ils devaient plus tard réduire les *nationalistes !...*

———

Du fait des louches agissements de ces hommes qui s'arrogèrent le droit de gouverner la France à leur méprisable fantaisie, après trente ans d'un régime dit républicain, que nous reste-t-il de la république ? — Un gouvernement hybride qui ne se distingue en rien des gouvernements monarchiques exerçant légalement le droit d'autorité, qui leur était propre, sur le peuple, autorité qui n'est pas moindre aujourd'hui, sans en avoir les mêmes raisons, et exercée par des gens qui n'ont aucun droit de s'en réclamer ; en sorte que leur despotisme n'en devient que plus insupportable, étant d'illégalité plus flagrante.

Depuis trente ans, sous l'empire d'une constitution qui permettait tous les abus, toutes les omnipotences, sans attributions de responsabilités malgré qu'il en ait été dit, que voyons-nous ?

— Nous voyons que les fautes pour ne pas dire la duplicité des différents ministères qui s'étaient succédé dans ces dernières années, furent cause du développement inouï que prit l'*affaire Dreyfus* à laquelle vint se joindre, aussitôt éventée, tout le clan de parlementaires et de gouvernementaux qui avaient à prendre position nouvelle, pour toujours donner le change au pays, et aussi pour une raison supérieure à toute autre, puisqu'elle renferme toute leur politique, celle d'entrevoir la possibilité de donner satisfaction à leur appétits voraces qu'assouvirait le veau d'or en perspective !

Si jusqu'au réveil de l'affaire Dreyfus, dont on exhuma le procès en condamnation pour en demander la revision sans qu'aucune protestation se fût élevée, la France avait supporté sans trop murmurer les divers gouvernements de la république parlementaire, c'est qu'elle maintenait toujours sa confiance aux hommes qui la composaient, malgré le vice de leur origine (ce qui, cependant, n'empêcha pas l'opinion publique de s'exalter puissamment à l'appel du général Boulanger, qui voulait substituer au régime établi par la constitution de 1875 un gouvernement où le peuple devait être tout lorsque, par le fait, il n'était rien).

Mais enfin, à part cette circonstance, espérant que tôt ou tard il lui serait fait restitution de ses droits, le pays continua à avoir foi dans ces hommes que cette leçon, pensait-on, aurait pu faire revenir au sens vrai de la situation, lorsque tout à coup, et comme obéissant à un mot d'ordre longtemps prémédité, on les vit se lever pour protester contre la condamnation d'un officier, attaché au service des renseignements du ministère de la guerre, accusé de trahison pour avoir vendu à l'étranger des pièces intéressant la défense nationale.

Ceux que les plus honnêtes des Français avaient faits les dépositaires de toute leur confiance, s'étaient subitement changés en une tourbe de gens toujours prêts à se vendre pour une cause aussi infâme soit-elle, et que des affaires comme celle du Panama, où ils avaient déjà trempé, n'avaient pas encore assouvis, entraînant à leur suite, sous la bannière jaune d'un syndicat, tous les misérables et les bohèmes qui se voyaient appelés à une curée, et cherchant, en même temps, à circonvenir tout un parti qui, par son honnêteté foncière, laissait bien loin derrière lui les autres, parti auquel ces misérables avaient la prétention d'appartenir; j'ai nommé le *socialisme*.

Mais le socialisme ne pouvant vivre de cette promiscuité, dut se partager en deux fractions d'autant plus distinctes qu'elles étaient appelées à devenir les deux sœurs ennemies : celle des *socialistes nationalistes* et celle des *socialistes internationalistes*.

La première fut le lot attribué aux patriotes de France qui ne voyaient dans l'affaire Dreyfus qu'un attentat à la conscience publique, et une atteinte portée à la nation en la personne des chefs de l'armée qui n'avaient eu dans la répression du crime de trahison d'autre souci que de garantir le pays contre les calamités d'une seconde invasion.

La seconde fut revendiquée par ces mêmes hommes qui, au nom de la justice, de la vérité, *se levèrent* dans le but apparent de chercher la lumière qu'un premier procès avait, suivant eux, tenue sous le boisseau, mais qui, en réalité, n'était toujours qu'un prétexte destiné à masquer leur vénalité.

— Ce qui le prouve, — s'il était utile d'insister, — c'est l'acharnement qu'ils mirent à faire éclater leur haine contre une institution essentielle, *presque sainte*, l'armée, qu'ils savaient devoir gêner leur lugubre dessein de sacrifier la patrie à leur soif de l'or, que désormais seul l'étranger, ou les complices de l'étranger, pouvait étancher.

A cette fraction dite *socialiste internationaliste* vinrent s'adjoindre les anciens partis qui, sous la dénomination d'opportunistes et de radicaux, avaient tant exaspéré la France par leur faiblesse, leurs louches manœuvres, leur honteuse servilité pour toutes les mauvaises causes.

A l'aide de tous ces éléments auxquels vinrent s'ajouter des sectes civiles et religieuses, nous voyons à quel affreux résultat on en est arrivé : une moitié de la France animée contre l'autre, prêtes toutes les deux à en venir aux mains ; les esprits inquiets, surexcités ; le commerce paralysé ; une méfiance universelle ; le doute de soi-même ; le dévouement et l'abnégation méprisés ; les services méconnus ; la vertu punie ; et en regard : la délation récompensée ; le culte du veau d'or ; la détresse de l'ouvrier ; l'insulte à l'armée ; la prostitution de la justice ; dilapidations, monstrueuses faveurs, injustifiables disgrâces. Toutes calamités, enfin, qui puissent fondre sur un pays d'où ont disparu tous sentiments de dignité et d'honneur.

Voilà ces hommes. Et voilà l'état où ils ont réduit la France !

Les voilà qui, après avoir secoué toutes les branches pour se conserver la direction du pays, jusqu'à ce qu'ils n'aient plus qu'à s'en partager les dépouilles, viennent encore nous proposer des éléments les plus dissolvants, pour en arriver à leurs fins ; et qui, sous les apparences séduisantes dont ils les enveloppent, ne sont en réalité que l'affirmation de leur ignominie.

Ces hommes qui, après nous avoir donné tant d'espoirs, nous laissent un gouvernement qui, loin de rien changer aux éléments pouvant le recommander à l'affection du peuple, n'a fait, au contraire, qu'augmenter les moyens de puissance destructive de ses droits ; nous laissent un gouvernement, dis-je, comme le premier jour, composé d'une chambre de députés appelés « représentants du peuple » ; d'un Sénat qu'ils dénomment « chambre haute, grand conseil, grand modérateur, grand justicier, voire haute cour de justice !... » et tant d'autres mots à effet sur la masse ; d'un chef du pouvoir exécutif qu'ils appellent « président de la république ».

Or, que sont ces députés, sinon des hommes qui, au lieu de tenir les promesses qu'ils firent à leurs électeurs (et Dieu sait s'ils en furent prodigues) aussitôt élus, se laissèrent acheter, après s'être laissés corrompre, par un gouvernement qui fait continuellement apparaître à leurs yeux le spectre de deux autres pouvoirs comme prêts à les pulvériser s'ils ne lui obéissent fidèlement, et qui, consciencieusement, s'empressent de se mettre au service de ses déconcertantes fantaisies, trafiquant, au besoin, de leur mandat pour s'en faire des rentes et mener grand train dans le monde.

Qu'est-ce ensuite que ce Sénat qui, à l'exemple de M. Thiers, combattant la commune comme étant l'excès du patriotisme, dans la manifestation de sa toute puissance, poussa l'excès de son audacieuse justice jusqu'à commettre la plus insigne injustice, en condamnant des adversaires politiques qui avaient versé dans le même crime d'être trop patriotes ?

Ce qu'il est ? — Il n'est autre que le produit des
votes des bourgeois et bourgeoillons de bourgs et
bourgades, choisis, presque toujours, parmi les
maires, ou bien les plus riches de l'Endroit, très
humbles serviteurs et admirateurs de M. le Préfet
qui, leur serrant la main, les appelle gentiment
« mon ami »; ce qui ne les flatte pas peu, et les
incite à voter pour *le bon candidat* !...

Et qu'est-ce que le président de la république que
l'on place au premier rang, je ne sais pourquoi (probablement parce qu'il préside une douzaine de personnages appelés ministres, présidés déjà par l'un
d'eux dénommé président du conseil), qui, après
avoir avec soin préparé leurs plans, lui disent :

— Voilà ce que nous avons décidé... arrêté... Veuil-
lez signer, Excellence ? »

Mais encore, où donc voit-on la république dans ce
président dont l'élection se fait si en dehors de la souveraineté nationale que qualifie le mot république,
élection ne ressortant que du vote de deux chambres,
dont l'une se compose d'éléments hétérogènes, réfu-
tation complète du principe républicain qui n'admet
que le suffrage universel, expression de la volonté
populaire, de la souveraineté nationale ?

— De président de la république ? Mais il n'y en a
pas, puisque dans ce gouvernement du peuple le peuple n'a pas été appelé à s'en donner un !

Et le peuple ne sait qu'une chose (encore seuls le
savent, ceux-là qui ont connaissance du texte de la
constitution), c'est qu'il est un homme à qui l'on a

donné le pouvoir, d'accord avec l'avorton du suffrage universel appelé Sénat, de dissoudre la chambre des députés : de ces députés que le peuple envoya pour défendre ses intérêts, en vertu du seul droit qui lui ait été laissé (je dis laissé, puisqu'il le possédait déjà sous les précédents régimes) par cette soi-disant république qui, en dehors de ce droit, n'est plus que la très humble servante d'un Sénat omnipotent, d'un Sénat qui, malgré le vice de son élection purement bourgeoise, a la haute main sur les autres pouvoirs avec le droit de vie et de mort sur cette même chambre.

Voilà donc ce que nous laissent ces hommes qui, aujourd'hui changeant leur gouvernail de direction, osent se réclamer du *socialisme.*

Et ce seraient ces fervents d'un pouvoir innommable qui se feraient les apologistes du socialisme ? Du socialisme qui n'appartient en toute essence qu'à la république démocratique dont la république bourgeoise est la plus scandaleuse négation ?

Du socialisme, Eux ? Eux qui se sont toujours tenus à l'écart du peuple et qui n'ont feint de s'en rapprocher que lorsqu'ils avaient encore à le tromper ?

— Non, messieurs, nous ne permettrons pas que vous vous empariez d'un bien qui ne vous appartient pas.

Nous ne permettrons pas que vous veniez fouiller dans les entrailles de notre république, qui porte tout entier le socialisme dans ses flancs, pour l'en arracher et le faire vôtre, afin de couvrir vos félonies :

Nous ne permettrons pas cette opération césarienne.

Nous attendrons que la mère soit en jouissance d'une plus robuste *constitution* pour la laisser mettre au monde cet enfant tant désiré, et tant promis par vous, comme devant amener la régénération de la France qui, par votre faute et vos trahisons, est si durement frappée en ce moment !

Oui, cette république de notre cœur, en dépit de vos manœuvres, malgré vos calculs, la force des choses nous la donnera finalement.

C'est alors que le socialisme devra se montrer sous toutes ses formes.

C'est à ce moment que nous pourrions être les premiers à vous proposer de reprendre, pied-à-pied, toutes les questions qui auront trait au collectivisme, au communisme, à tout ce que vous voudrez enfin, ayant ou n'ayant pas la même terminaison. — Mais nous doutons, dois-je le dire à l'avance, que nous puissions nous mettre d'accord sur certains points, notamment sur le sujet qui vous occupe le plus, puisque c'est celui que tout d'abord vous mettez en avant : Le partage de la propriété.

Nous verrons s'il est utile de disputer la propriété des terres à ceux qui les détiennent déjà, ou si, affamés de culture, nous n'aurons pas assez de celles qui demeurent incultes, et dont l'espace et les qualités appropriatives ne seraient pas suffisants pour entretenir nos goûts et notre activité.

Mais passons !

En attendant, nous vous disons : « Assez de vos palinodies ! daignez nous faire grâce de vos extravagances par trop tragiques et si parfaitement ridicules !

Entraînés par un courant fatal, représentez-vous comme n'étant plus que des bâtards nés de l'alliance du despotisme autoritaire avec la démagogie la plus inconsciente, et n'être plus que ces républicains qui semblent avoir pour mission de faire regretter les régimes déchus.

Et si la république, pour vous, n'est plus qu'une marâtre, laissez-la à ceux dont elle est la mère légitime, issue de l'alliance de la révolution avec la démocratie.

Abandonnez-la leur plutôt que de chercher à faire luire l'avenir dont tous vos actes vous en contestent le droit.

Continuez à soutenir et à encourager, en attendant de les collectiver, les monopoles de l'État et des compagnies.

Monopolisez l'absinthe et l'eau-de-vie, après avoir monopolisé le tabac et les allumettes.

Vous nous vendrez plus cher et de moins bonne qualité.

Vous aurez supprimé des industries qui faisaient vivre quantité de gens ; vous aurez donné beau jeu à la nécrose pour déformer le corps et ruiner la santé des pauvres travailleurs ; qu'importe ! vous aurez procuré des revenus au Trésor, lui permettant de servir des prébendes aux blackboulés du suffrage universel, et aussi aux flatteurs et applaudisseurs des gouvernants.

Aux compagnies de chemins de fer, de tramways, etc., continuez à donner par l'insuffisance du personnel — il n'y a pas de petites économies — le droit de provoquer des accidents, des catastrophes ; jambes coupées, bras brisés, vies enlevés ; qu'importe ! vous aurez réparti de gros dividendes aux actionnaires, et toujours grossi les ressources du Trésor.

Aux exploitations minières, laissez — toujours pour grossir les dividendes — le droit aux directeurs de payer assez peu les ouvriers pour qu'ils ne puissent vivre de leurs maigres salaires, et soient obligés de faire des grèves qui vous mettent dans la triste nécessité de fusiller ceux que les éboulements, le grisou ont épargnés !

En votre qualité d'internationalistes, livrez aux étrangers, en les facilitant de tout votre pouvoir, le commerce et le tripatouillement du marché financier.

S'ils demandent accès dans vos ateliers, faites-leur en donc ouvrir les portes ! (Mais je doute qu'ils le demandent, parce que la devise de l'ouvrier français est de « faire vite et bien » et que telle n'est pas leur aptitude.)

Mais si ce n'est là, ouvrez-leur vos chantiers, où ils n'auront que la force brutale à dépenser, moyennant une rétribution suffisant à la parcimonie de leur existence, mais qui serait insuffisante à l'ouvrier français qui, en outre de son besoin de ne pas vivre en bête de somme, a des charges à supporter que n'aura pas

l'ouvrier étranger : détail qui doit peu vous inté-
resser, pourvu qu'en vrais internationalistes vous y
trouviez votre compte.

Et quelle contradiction !

D'un côté vous posez pour l'internationalisme et
de l'autre vous venez proposer de faire le bonheur
de la nation en collectivant les ressources de la
France !

Ne serait-ce pas plutôt, alors, sa colonisation que
vous réclameriez, dans la pensée d'y faire participer
l'étranger ? Vos soins à désorganiser l'armée ne
seraient-ils pas la preuve que vous voulez lui faciliter
l'occupation de notre territoire dans ce qui reste de la
France, à laquelle il a déjà enlevé deux de ses provinces, et non des moins à dédaigner ?

Que ne le dites-vous donc ? mais vous avez cru
inutile de le dire parce qu'il suffisait de s'en rapporter
à vos actes qui, depuis longtemps, nous ont édifiés.

Nous savons que si, d'une part, vous êtes ennemis
des nationalités, à commencer par la vôtre, d'un autre
côté vous n'avez d'yeux que pour toutes les autocraties :
ce qui expliquerait que vous seriez en réalité les ennemis de la nationalité des peuples libres, et non de
celle que régissent les despotes.

Menacés de la stabilité de la république vous enlevant tout espoir d'en retirer plus que vous ne l'avez
fait, vous consentiriez, sans scrupule, à laisser fondre
otre nationalité dans une nationalité étrangère, s'il
ne vous était possible d'instaurer en France le *sauveur*,
objet de vos espérances, parce que, dans l'un comme

dans l'autre cas, vous seriez tout désignés pour la récompense de votre trahison ; car vous ne vous serez déclarés ennemis des nationalités (disons: surtout de votre nationalité) qu'après vous être servis de la république pour faire votre renom, et vous proposer au choix des potentats qui voudraient bien accepter vos services, d'où il s'ensuivrait, cette fantasmagorie, que, d'internationalistes, on vous verrait alors transformés en ardents patriotes.

Mais malgré vos calculs les mieux combinés, les événements couronneront-ils vos efforts à détruire la république par tous les moyens propres à la faire détester ?

Il faut bien espérer que non, et que le peuple français, sachant que ses pires ennemis furent les monarques qui le gouvernèrent, ne se prêtera pas à les faire revenir malgré toutes les abominations que vous voudriez mettre au compte de la république qui, si elle n'est pas encore le gouvernement de la souveraineté nationale, ne tardera pas, malgré vous, à le devenir !

En ennemis des nationalités, nous vous avons vus prêter aide aux Turcs *musulmans*, cruels et barbares, contre le malheureux Grec, *catholique* et civilisé, pour lui laisser prendre un morceau de son territoire, comme l'Allemand avait déjà pris l'un des plus beaux morceaux du nôtre !

Nous vous avons vus assister indifférents à cette lutte du lion et de la souris : l'autocratique Angleterre gloutonne et vorace, qui, après nous avoir humiliés à Fachoda et ailleurs, pour s'emparer du patriotique

Transvaal, commence par dévaster le pays, massacre les hommes, violente vieillards, femmes et enfants !

Oh ! que n'est-elle si fière, cette Angleterre, pour n'oser vous demander de lui fournir cinquante mille hommes, pour, avec les deux cent cinquante mille dont elle dispose déjà, l'aider à anéantir les vingt mille Boërs qui lui tiennent si vaillamment tête et la font reculer !

Que ne seriez-vous heureux et empressés de les lui livrer et la remercier même de l'honneur qu'elle vous eût fait en vous les demandant !

Mais, que ne lui eussiez-vous plutôt proposé de vous céder son ministre des affaires étrangères ? Si, au lieu des nôtres, nous avions eu le sien, nous n'aurions pas essuyé la honte de Fachoda ! Si en 1870-71 nous avions eu le sien, nous n'aurions probablement pas perdu l'Alsace et la Lorraine, et aujourd'hui ne verrions nos colonies habitées et exploitées par les étrangers de toutes nations, sauf les Français de France !

Vous qu'avec raison on appelle les sans-patrie, titre auquel on pourrait ajouter celui des sans foi, ni loi, ni honneur, qui à la guerre de Chine, pour faire hommage à un potentat, héritier des calamités qui fondirent sur notre malheureux pays déterminant son démembrement, déclinez l'honneur du commandement suprême, devant revenir, par tradition, en la circonstance, à un général français, pour l'abandonner à un général de cette nation qui violant le

droit de nationalité avait porté à la France un coup
qu'à jamais vous tentez de rendre irréparable.

Et pour porter la guerre contre qui, cette fois ?

Pour la porter contre une nation qui, à tant de
reprises, avait donné à entendre qu'elle ne voulait
pas de votre religion ; qu'elle n'en voulait pas, de vos
mœurs, qu'elle tenait encore moins à votre civilisation destructive de tous les principes vitaux de sa
nationalité ;

De cette civilisation que vous prétendez supérieure à celle de certains peuples, et que l'indigène
vous renvoie en vous traitant vous-mêmes de barbares.

Cette civilisation, qui, en se manifestant d'une
manière si touchante sur le respect des nationalités,
vient encore y ajouter son respect des croyances
en portant le fer et le feu dans ce pays pour venger
les détracteurs de sa religion, et qui, pour cette
belle cause, après vous avoir fait bombarder leurs
villes de ses canons, de ses fusils, de ses mitrail-
leuses du dernier modèle, et fait ravir des vies et
des vies, en fin de compte, si les puissances civili-
sées, ameutées contre lui, ne sont pas d'accord pour
le partage de son territoire, fera piller ses palais, enlever ses trésors et exiger des millions et des millions
comme indemnité due à ces beaux exploits !

Mais, revenant à ce qui est de la religion, et retour-
nant les choses, nous vous demanderons si vous
verriez avec plaisir les Chinois envoyer des mission-
naires en France pour convertir à leurs cultes des

catholiques, des protestants, et, par comble, se liguer les nations orientales pour porter la guerre dans notre pays afin de les venger des misères qu'on pourrait leur faire ?

(En tout cas, je n'engagerais pas les Chinois, s'ils venaient établir des pagodes chez nous, de mettre en cours l'usage musulman de quitter ses chaussures à la porte des mosquées. Combien, hélas ! au nom de la civilisation, peu de nos bottines échapperaient aux râfles de nos cambrioleurs !)

Ainsi donc, après la mort, la dévastation, la ruine !

O civilisation ! voilà de tes bienfaits ! Et à quelle distance laisses-tu, derrière toi, les temps de barbarie !...

Je sais bien qu'à tous ces hauts faits, vous trouverez une excuse. Vous nous direz que si vous avez combattu contre les Grecs qui n'avaient pu voir froidement massacrer trois cent mille Arméniens ; que si, malgré votre *anticléricalisme*, vous allez combattre et piller la Chine pour soutenir la concurrence faite à ses cultes religieux, c'est pour des raisons supérieures ; pour des nécessités diplomatiques internationales ; pour la sauvegarde d'intérêts généraux ; l'équilibre européen, la paix universelle ! etc., etc.

Eh bien ! nous, nous ne voyons que fourberies dans vos bonnes raisons. Nous ne voyons, après tout, qu'une France bafouée, humiliée par ces mêmes puissances, momentanément nos alliées, tournée en dérision par elles et par de plus petites qu'elles,

livrée au bon plaisir de tous côtés, abaissée partout !

De ce que nous sachions sur les subtilités internationales, c'est que sous la grande révolution le
langage diplomatique fut tenu par les volontaires
patriotes contre la meute de chiens coalisés qui
en voulaient à notre nationalité ; et que, quoique
moins raffiné, il n'en produisit pas de résultats moins
glorieux.

Hé bien, désorganisez l'armée, et nous verrons si
quand même, nous ne saurons pas, à leur exemple,
nous faire rendre raison, et de vous,·et des potentats
dont vous êtes les encenseurs (si même vous n'êtes à
leurs gages) et dont vous voudriez nous faire les sujets
réduits comme les chiens sous le fouet de leur maître !

Nous en avons assez de ce spectacle écœurant de
quelques individus, à mandat en tous points discu-
table, ne vivant que de la sueur et du sang de quarante millions de citoyens jaloux de leur nationalité
dont ils auraient encore la prétention de leur disputer la possession ! Ces politiciens qui, pour conserver
leurs positions, et assurer leur maintien au pouvoir,
ne craindraient pas de culbuter la république, et qui,
si la barque républicaine sombrait, sauraient s'ac-
crocher aux sabords de la monarchie pour, sous la
monarchie comme sous la république, se dire toujours les amis du peuple, pourvu qu'il leur soit oc-
troyé des honneurs et de grasses sinécures.

Mais qu'est-ce donc qui pousse ces hommes dans ces idées tendant au renversement de tous les principes d'ordre naturel ; à cette aberration d'esprit qui les encourage à croire qu'ils continueront à se faire prendre au sérieux ?

Après avoir été opportunistes, radicaux, ils se prétendent socialistes, mais d'un socialisme à part, d'un socialisme mâtiné d'internationalisme en opposition au socialisme nationaliste.

En revanche, s'ils ne sont pas nationalistes, ils demandent à faire œuvre de nationalisme en proposant le collectivisme d'Etat : Ce qui veut bien dire, je pense, le collectivisme appliqué à la seule industrie française, les autres puissances manquant de l'élément indispensable à cette application : l'Etat démocratique issu du suffrage universel.

Allez donc démêler quelque chose dans cet imbroglio !

— Malgré notre meilleure volonté, il nous est impossible de voir dans ces contradictions autre chose qu'une machination ayant pour objet, après avoir semé le trouble dans le pays, l'avoir lassé jusqu'au bout, de le conduire à accueillir le *sauveur* qui offrirait de se substituer à la république.

Ayant épuisé le régime démocratique jusqu'à la moelle, ils voient le moment où, désormais devenus inutiles, ils vont succomber sous le poids de leurs lâchetés effrontées ! Alors ils se disent : « Puisque « nous n'avons plus rien à tirer de là, virons de « bord.

« Le Panama ne nous laisse plus que sous le
« coup de la menace continuellement renouvelée
« d'être dénoncés dans nos forfaitures. — L'affaire
« Dreyfus ? La caisse est fermée en France et à
« l'étranger !

« Il ne nous reste plus qu'à voir d'où vient le vent!
« — Sera-ce du côté d'une monarchie qui viendrait
« de nouveau s'implanter en France ? Sera-ce la
« France se plaçant sous le sceptre d'un monarque
« étranger ?

« Peu nous importe, pourvu que nous conservions
« notre situation de hauts fonctionnaires, de grands
« dignitaires, bien chaussés, bien nourris, et les re-
« présentation. théâtrales ! —Au programme : Triom-
« phe de l'internationalisme ! — Drame en autant
« d'actes que de vestes retournées, et autant de ta-
« bleaux que de personnages promoteurs dudit triom-
« phe ! »

A l'exemple de certains bonapartistes qui, en 1870,
disaient qu'ils préféreraient être prussiens que citoyens d'une république, à leur tour ils vous disent
qu'ils préféreraient n'être plus Français que de ne
pas tenir les plus hauts emplois, surtout ceux qui
rapportent le plus d'argent et le plus d'honneurs, à
défaut de l'honneur.

Ils le montrent outre mesure dans cette affaire
Dreyfus, aux flancs de laquelle ils s'acharnent tant,
et qu'ils cherchent à perpétuer, espérant qu'elle leur
permettra encore de se vautrer dans les caisses de
l'étranger, et daignant faire rejaillir quelques parcel-

les de cet or maudit sur les pauvres diables dont ils se servent pour s'en faire un lamentable cortège.

Ils ont tout remué pour amener le chambardement prédit, c'est-à-dire la ruine de la France par la guerre civile !

Au nom de l'internationalisme, au nom de la solidarité des peuples, oubliant les malheurs dont notre pauvre France a été la victime, ils trouvent que les sacrifices qui lui ont été imposés ne suffisent pas encore ; et jusqu'à ce qu'ils l'aient livrée pantelante à l'étranger, si *l'affaire* venait à s'éteindre, que l'on soit bien persuadé qu'ils sauraient en inventer d'autres pour satisfaire à leurs appétits inassouvis.! Foin de la France ! Foin de la patrie ! Foin de l'humanité ! Après eux, le déluge !

En tout ce que j'ai dit jusqu'ici des actes accomplis et des promesses faites par nos dirigeants actuels, prétendant que l'intérêt seul, à l'exclusion de tout sentiment patriotique qui doit résider dans la conscience des représentants d'un grand peuple, ait été leur guide, je n'ai fait qu'exprimer une opinion personnelle.

Mais, mes concitoyens la partageront-ils avec moi ?

Ainsi que la mienne, leur suspicion s'augmentera-t-elle encore lorsqu'ils verront ces prudents gouvernants formuler des réserves quant au délai qu'il y aurait à courir pour voir les merveilleux effets résultant de l'application de leurs doctrines ?

A savoir !

En tout cas, je trouve que le temps qu'ils se donnent pour y arriver est un tant soit peu long : Dans
un millier d'années, disent-ils, peut-être deux mille ;
même davantage !

Mais il me paraît, cependant, qu'il ne faille pas une
échéance aussi éloignée pour opérer cette rénovation.

Et ils ne remarquent pas que beaucoup d'entre nous
ne seront plus en état de leur en témoigner de la
reconnaissance, car nous ne serons probablement pas
tous vivants à cette époque, et qu'eux-mêmes pourraient bien ne pas jouir de la satisfaction du couronne-
ment de leur œuvre ! Quoiqu'il en soit, qu'ils veuillent
bien se pénétrer de l'idée que nous ne serons pas
tous d'avis de nous donner la peine de vivre si longtemps pour savoir s'ils ont fidèlement tenu leurs
engagements.

Mais non ! Non, ne croyez pas qu'il entre en leur
esprit de vouloir se jouer de nous en proclamant cet
ajournement ; et soyez persuadés que les trente-deux
millions des *Prévoyants de l'avenir*, qu'ils veulent retenir au mépris du droit de la société de disposer de
son argent comme bon lui semble, ne sont que le
premier acquis devant être versé dans la caisse de
la collectivité.

D'ailleurs, pourquoi dans mille ans ? Pense-t-on
que les difficultés seront moindres en ce temps qu'aujourd'hui ? Partager le sol entre ceux qui devraient
le travailler, rien de plus facile ! Mettre en collectivité
le commerce, l'industrie, le capital, n'est guère plus difficile ! Tous revenus, rentes, bénéfices rentrant dans

les caisses de l'Etat pour être répartis entre tous les citoyens, n'offre pas plus de difficultés ! Et, d'ailleurs, s'il s'en rencontre, elles ne pourront porter que sur des détails qui sont bien au-dessous de leur génie, comme, par exemple, la réglementation de la condition des ouvriers de petit atelier, ou établis à leur compte, de même que pour les ouvriers isolés des campagnes. Tout cela n'est que bagatelle comparé à la réglementation des grands ateliers des villes, et des grands centres industriels, qu'ils se font forts de mener à bien.

Rien ne doit pouvoir les retenir ; et si rien ne les retient, que ne le font-ils donc tout de suite, ces rénovateurs illustres, plutôt que de se faire tant désirer dans leurs cache-cache ?

Ah ! je comprends ! C'est l'inégalité des fortunes, qui, malgré leurs investigations, leurs enquêtes, n'en subsisterait pas moins. Et c'est ce qu'ils ne veulent pas, tous leurs efforts tendant à établir l'égalité devant la fortune, comme ils l'ont établie devant la loi.

Oui, j'entends que c'est là la pierre d'achoppement de leurs bonnes intentions !

Mais, comme du collectivisme au communisme la distance est bien faible, pourquoi ne la franchiraient-ils pas de suite et ne nous doteraient-ils pas du communisme !

— Si vous faisiez cela, ô grands citoyens ! à vous toutes nos admirations ! à vous toutes nos reconnaissances ! à vous toutes nos bénédictions !

Pensez donc !

Pour le plus grand nombre, être transportés dans les campagnes ; les couvrir de notre présence ; de notre mouvement ; de l'apport de notre travail ; de notre participation à la culture du sol qui nous rendrait les fruits utiles à une vie délicieuse et pleine de félicités !

— Faire un voyage en Icarie sans prendre le bateau !

Tous à la même table ! Ayant tous la même coupe de vêtement ! Nous chauffant au même foyer ! Les femmes portant les mêmes parures ! Les hommes fumant dans des pipes pareilles !

Spectacle sublime ! Joie délirante ! Vertige !

— Il n'y aura plus de chasse gardée puisqu'il n'y aura plus de grande propriété ; nous serons tous chasseurs, et aurons chacun notre fusil ; ce qui nous dispensera du besoin d'une armée pour nous défendre.

— Mais, qui restera dans les villes ? demanderez-vous !

— Mais tous ceux qu'on n'aura pu loger dans les campagnes !

Tout marchera bien là aussi : on se débarrassera des perruquiers, des horlogers, des bijoutiers, etc., qui seront de surcroît dans les villes, pour, s'ils doivent cesser l'exercice de leur profession, leur faire bêcher la terre. Et comme il n'y aura plus d'armée, les villes seront défendues par les sergents de ville qui, si leur bâton de signal aux voitures ne suffit pas, apprendront le maniement du fusil dans des cours de tir organisés à leur intention.

Lorsque je dis que ceux qui ne pourront s'employer dans les villes se transporteront dans les campagnes pour y travailler la terre, n'allez pas croire que le travail soit pour donner du souci à quiconque; tout le monde travaillant, dans les campagnes comme dans les villes, ce sera tout au plus une heure ou deux qui seront consacrées au travail, si même les *machines* (parce que le système communiste comporte un nombre considérable de *machines*, une quantité immense de *machines*, devant suppléer au travail des bras), si même, dis-je, la quantité formidable de *machines* ne diminue la somme de travail de la manière la plus sensible, jusqu'à presque sa suppression complète, comme, par exemple, dans la proportion de 99 %: ce qui réduirait la durée du travail à peut-être dix minutes par jour! — Le reste du temps sera employé à manger, chanter et boire; dormir et rêv... j'allais dire rêver! comme si l'on rêvait en paradis!

Mais encore! Comme il y a toute apparence que le séjour des campagnes où l'on respirera le grand air, où l'on goûtera les délices de la chasse, de la pêche et de son jardin, paraîtra plus séduisant que le séjour de la ville où il ne restera plus de garçons de café pour servir des apéritifs ni d'acteurs dans les théâtres pour faire savourer les spectacles, puisque les uns et les autres — l'argent n'ayant plus de valeur — ne seront plus rémunérés, et qu'il leur incomberait de ce fait une durée de travail supérieure à celle réglementée, pour que tout le monde soit content et puisse s'y rendre, on procédera à l'enlèvement et à l'éparpillement, sur toute la surface du territoire, des maisons et des édifices hors d'usage dans les villes, au moyen de puissantes machines, affectées à cet égard, pour les transporter, tout d'une pièce, jusqu'aux lieux de destination.

Et enfin les capitaux étant chose inutile — puisque le pays devrait se suffire à lui-même par l'échange de ses produits, et partant, cesser toutes transactions avec l'extérieur, — de ce fait deviendraient disponibles et seraient distribués entre les internationalistes, promoteurs de ce splendide état de choses, pour leur permettre d'aller vivre à l'étranger, et pouvoir apporter eux-mêmes, aux blanchisseurs de Londres et de Berlin, leur linge sale qu'auparavant ils étaient obligés de leur faire rendre.

— Espère donc, ô peuple de France ! et ne commets pas, comme moi, le crime de suspecter ces hommes sublimes dans leurs sublimes intentions à faire ton bonheur !

Ne va pas croire, surtout, comme moi, qu'un tout autre intérêt que le tien puisse leur faire songer à étaler leur nouvelle doctrine, pas plus qu'ils n'en avaient jadis à se dire opportunistes, puis radicaux, puis socialistes français, puis socialistes cosmopolites ! Tu commettrais un sacrilège ! « Tout pour le peuple et par le peuple ! » — Tel est le mobile qui les guide. Tel est le cri de leur belle âme !

Et enfin, ne va pas croire que, pas plus qu'ils ne l'ont fait jamais, ils se joueraient de toi. Persuade-toi bien que ce n'est que par douce plaisanterie qu'ils t'ajournent à une date un peu éloignée.

Ne crains rien ; au premier jour ils t'annonceront à la fois et leur programme et sa mise à exécution. Le programme collectiviste, s'entend ; l'autre ne devant être que la conséquence toute naturelle du premier.

Berce-toi de ces douces illusions, ô peuple ! Et attends avec confiance !

————————

Après avoir montré ce que furent, dans le passé, nos dirigeants, ce qu'ils sont présentement, et ce qu'ils promettent d'être dans l'avenir, je ne crois pas inutile, pressentant l'état de conscience du peuple, en réparation de ce qu'ils n'eurent aucun souci de le faire eux-mêmes, — débarrassant ainsi leur route de tous les obstacles qui auraient pu l'entraver, — d'exprimer mon opinion sur l'envolée dans le pays du socialisme dans sa pure expression, du socialisme émanation directe et imprescriptible du gouvernement de la république nationale, c'est-à-dire la vraie république, de la république du peuple.

Tout d'abord, je commencerai par déclarer, qu'à mon sens, il se trompait fort, cet apôtre du socialisme qui, depuis, a compliqué son socialisme d'internationalisme, et le reste, lorsqu'il prétendait que le *mot* n'effrayait plus, et que la *chose* était acceptée du paysan.

Non, le caractère du paysan, malgré les événements, n'a pas changé. Le citoyen de la ville, malgré qu'il ne soit pas en complet état de comprendre au juste la question socialiste, acceptera, en attendant, la poussée en avant.

Mais pour le pays rural, c'est autre chose ; et vous n'empêcherez pas encore, et de longtemps, le campagnard de s'effrayer non pas seulement de la chose, mais même du mot, qui, pour lui, est synonyme de renversement et non de progrès.

Le paysan est patriote et n'a même pas besoin qu'on le lui rappelle ; mais avant tout il est pour ses intérêts et pour ceux qui s'engagent à travailler pour les lui sauvegarder.

C'est du temps perdu, avec lui, que de faire de la politique. Il n'y entend guère, et ne tient nullement à y comprendre.

Ne lui parlez donc pas de socialisme, après l'avoir saturé d'opportunisme et de radicalisme : cela l'énerve l'exaspère !

Ne lui parlez donc pas de tout cela, à moins que l'idée ne vous prenne de l'entretenir de collectivisme cousin du communisme, qu'en 1848 il appelait le *partage*, et ses adeptes, les *partageux*. Je pense que vous ne vous vanteriez pas de la manière dont il vous aura reçu, lors même que vous ayiez ajouté que ce parti est encouragé par le gouvernement qui lui fait des promesses et lui donne des espérances.

Si même, malgré mon avis, et pour vous faire valoir, vous insistez à vous dire socialiste et que vous pensiez lui expliquer ce que socialisme veut dire, soyez certain que, tout étonné, il vous demandera si un républicain peut ne pas être socialiste; si un républicain peut ne pas vouloir l'amélioration de la condition de l'ouvrier, et encore celle de l'agriculteur, du commerçant, de toutes les parties enfin qui composent la société. Si la république ne porte pas, gravé sur son front, ce titre tutélaire renfermé dans les mots : liberté, égalité, fraternité. Et s'il peut y avoir liberté lorsqu'on n'a pas la faculté de discuter les moyens de rendre le peuple heureux; s'il peut y avoir égalité lorsque la justice n'est pas équitablement distribuée à tous les citoyens; s'il y a fraternité lorsqu'il y a division de classes, ou, pour le moins, — passant sur celles que la succession des siècles a établies, — absence de solidarité.

Il ira même jusqu'à vous demander pourquoi vous cherchez à en ôter de la couronne de la république pour orner vos fronts, et si ce ne serait dans le but de vous en servir pour des causes qu'il ne comprend pas, comme il ne comprenait rien à l'opportunisme au radicalisme, dont on lui a tant rebattu les oreilles sans qu'on ait pu lui expliquer ce que ces mots voulaient dire.

Depuis trente ans habitué à la république (de laquelle tout d'abord, il se méfiait bien assez) il est républicain à sa manière, et sa manière, croyez-le, n'est pas la plus mauvaise.

— « Que venez-vous donc troubler nos cervelles, vous répondra-t-il, à nous, pauvres campagnards, qui avons accepté la république telle que vous nous l'aviez offerte, majestueuse dans son attitude, belle dans ses promesses, et qu'aujourd'hui vous tracassez par tous les moyens propres à nous la rendre détestable ! »

Mais encore, si vous allez ne lui parler que de la condition de l'ouvrier des villes, ou des grands centres industriels — les réformes ne pouvant s'étendre sur l'ouvrier isolé des campagnes — vous exposez-vous à ce qu'il vous demande si vous vous occupez de la sienne ?

— Non ?... Je le crois bien, votre pouvoir n'étant de force à servir votre bonne volonté dans ce cas, comme dans tant d'autres qui vous obligent d'avouer votre impuissance, et convenir même, qu'en dehors de ce fait, le socialisme est condamné à rester incomplet, et qu'il n'est pas possible de le définir dans ses lignes précises, puisque tous les jours il y a quelque chose à y ajouter, et que vous êtes obligés de fondre votre doctrine dans le domaine des universalités dont, seul, un gouvernement républicain vraiment démocratique peut vous dégager.

Si donc, pour combattre le socialisme international, socialisme composé de collectivisme, de communisme, vous avez à opposer des théories, épargnez-en le paysan qui n'entend rien aux subtilités et réservez-les pour ceux qui sont en état de les comprendre.

— Assez de toutes ces rubriques, avec les conséquences qu'elles ont produites, pour revenir à la vraie tradition républicaine, la seule qu'il comprenne, et qui consiste en la restitution de ses droits constituant la souveraineté même, que jusqu'à ce jour on a cru devoir ironiquement lui attribuer.

Remarquez-bien que si votre intelligence politique a pu s'élargir, celle du paysan ne l'a pas suivie. Il n'a pas changé. Il ne voit que l'effet sans s'attacher à la cause. — Il est rebattu du mot de socialisme comme il l'est de ceux d'opportunisme, de radicalisme, qui n'ont rien modifié à sa situation si ce n'est pour l'aggraver.

Dispensez-le donc des longs discours sur ces questions, qui ne font que ressasser ceux qu'on lui tient depuis si longtemps, et dont les anciens ne furent pas moins éloquents, sans être plus concluants, que ceux que vous lui tenez aujourd'hui.

Et si je ne vous engage pas à venir lui parler de socialisme après lui avoir parlé d'opportunisme et de radicalisme, je ne vous engagerai pas, moins vivement, à ne revenir au cléricalisme, sujet qui a produit des résultats autrement regrettables encore, et dont les conséquences sont on ne peut pas plus douloureuses pour notre pays.

Sous l'impulsion de la parole de Gambetta : « le cléricalisme voilà l'ennemi », vous ouvrîtes imprudemment une campagne contre les prêtres catholiques, vous catholiques, et auprès du paysan catholique cherchant à le détourner des ministres de sa religion, lorsque vos coups ne devaient porter que sur le haut clergé qui, seul, dans les rapports de l'Église et de l'État, devait être pris à partie par vous, hommes politiques, et non par le paysan qui n'en a que faire.

Et qu'avez-vous gagné à cela ?

Que si, d'un côté, vous avez indisposé les popula-tions, en attaquant le petit curé de campagne, de l'autre, que l'article de la séparation des Eglises et de l'Etat, faisant partie de votre programme électoral, depuis plus de trente ans, n'a pas fait un pas.

Que dis-je ? Il semble même que cette question devient gênante au plus ardent d'autrefois, et que s'il n'en est presque plus parlé aujourd'hui, c'est que l'on craint que cette plate-forme électorale, ce cheval de bataille de l'opposition des derniers temps de l'empire, ne produise dans sa réalisation un bouleversement pouvant amener la chute même de la république !

Ce que vous avez gagné ? Vous avez gagné qu'en décriant la religion catholique, vous avez facilité aux autres cultes de prendre pied dans le domaine politique, au point qu'aujourd'hui tout porte leur em-preinte et subit leur influence.

Se réjouissant de vos beaux exploits contre votre propre religion, les autres cultes se gardaient bien de spéculer, comme vous, sur les croyances, et profi-taient de ce que vous faisiez si bien leurs affaires : l'Israélite, le plus avisé, fut le premier à pénétrer par la porte que vous lui ouvriez, les protestants vinrent ensuite.

Ce que voyant, nombre de ces catholiques furieu-sement anticléricaux, mais dont les convictions n'atteignaient pas à la hauteur de leurs appétits au nom de l'*internationalisme* passèrent à l'ennemi

Les autres, ne voulant en démordre, mais tenant à rester vrais Français patriotes, sous la bannière du *nationalisme* devaient inventer une religion nouvelle qui consistait à... n'en avoir pas !

Ceux-ci se croyant les plus sages, les autres se jugeant les plus habiles.

Les uns au nom de la liberté de conscience, de la liberté de penser, *mangeant du curé ;* les autres au nom de la liberté du cœur et des exigences de l'estomac, *bouffant de la bonne galette.*

En gens pratiques et sagaces les juifs se dirent : « C'est une bonne affaire à exploiter comme il ne s'en rencontre que dans les pays en décadence : une aubaine qui ne se rencontre dans aucun des pays du monde que nous avons explorés. — Profitons-en !

« A la division que les catholiques de France se plaisent à semer parmi eux, et qui occasionnera leur faiblesse, faisons l'union qui fera notre force ! »

Ainsi firent-ils !

Et pour accomplir leurs desseins, ils firent appel aux juifs et aux protestants du monde entier, plaçant la France sous leur tutelle

Vous aurez beau chercher une autre raison à leur puissance : si aujourd'hui ils possèdent le tiers de la fortune de notre pays, et ont la prépondérance dans les affaires de l'Etat, ce n'est ni à leurs capacités commerciales, ni à leur intelligence des affaires — qui ne sauraient être supérieures aux vôtres — qu'ils doivent d'avoir acquis ces avantages ; mais bien à cette union qui repose sur le respect des ministres tant de leur religion que de la religion protestante à laquelle ils s'allièrent, sentant que rien ne prévaut sur la force morale que donnent aux dirigeants la confiance et la considération de ceux qu'ils dirigent.

Et nous, fils dégénérés de ceux qui, afin que nous ne puissions l'oublier, gravèrent sur leurs plus belles pièces de monnaie cette devise avec son emblème : « l'union fait la force », nous avons dédaigné cette maxime et laissé les juifs et les protestants s'en servir pour cimenter leur union, qui devait produire de si grands effets dans la marche des événements politiques, pendant que nous nous complaisions à prêcher la discorde parmi nos correligionnaires.

S'ils ont acquis ces biens, c'est aussi parce qu'il est de tradition chez eux de se solidariser, tant dans leurs actes politiques que dans la vie civile et religieuse, tout au contraire des catholiques qui ne professent en cela qu'une parfaite indifférence les uns envers les autres, ignorant que la solidarité est comme la réunion d'affluents qui forment les grands fleuves !

Non, ce n'est pas chez les catholiques que l'on verra cet empressement envers l'un des leurs pour lui éviter qu'il ne fasse de mauvaises affaires dans son commerce lorsqu'il est reconnu digne de toute sollicitude, pas plus que de soulever ciel et terre, au risque d'ébranler un État, pour sauver de l'infamie un traître à son pays d'adoption. Mais, par contre, on verra fondre sur celui qui est menacé de ne pas réussir dans ses entreprises, tous ses envieux, ses rivaux prêts à lui lancer le « premier coup de pied de l'âne » tout en se promettant belle réjouissance pour celui qui aura été le « coup de la fin » ; et aussi, que s'il y a quelqu'un à flétrir, ce sera tout ce qui aura été brave, patriote, glorieux, dévoué pour son pays et prêt à sacrifier sa vie pour le défendre.

Étant donné ces dispositions, si on a à souffrir de l'empiètement des minorités sur les majorités, y a-t-il lieu d'en être surpris ?

— On objectera que si dans les minorités la solidarité s'impose par le besoin que celles-ci ont d'acquérir la force qui leur manque vis-à-vis de majorités qui inclineraient à les tyranniser (chose qu'il n'y a pas lieu de craindre en France, pays trop hospitalier), elle est aussi rendue plus difficile à établir et à exercer dans une majorité en raison de l'importance numérique.

— A cela, on peut répondre que cette difficulté disparaîtrait, ou, pour le moins, obstruerait cet empiètement, dans une certaine limite, s'il n'était dans l'esprit du Français, en général, cette tendance à accueillir de préférence tout ce qui ne sera pas de sa classe, ni de sa race, et à entourer de tous ses égards, de toutes ses attentions, l'élément étranger, pour ne se montrer que parfaitement indifférent, si même il ne leur est hostile, envers ses concitoyens, au point que l'on serait à se demander si la même préférence il ne l'aurait pas pour ceux qui appartiendraient à une autre religion que la sienne.

Quoiqu'il en soit, ne doit-on pas demander aux

hommes politiques qui, pour servir leurs intérêts électoraux allèrent prêcher la discorde parmi les popula-
tions, s'il était dans leur intention d'en arriver à un
pareil résultat, ou si ce n'était pas dans leur intention,
pourquoi ils cherchèrent et chercheraient encore, à
détourner le paysan de son curé pour lui laisser
croire que sa religion ne vaut pas les autres, témoin
qu'il est du respect que celles-ci portent à leurs ministres ?

— Au nom de la liberté de conscience, répondront-
ils !

— Mais que peut dire la conscience au rapport des
religions ?

Obligée de se rabattre sur la raison, et la raison de
soi-même devant se recommander de la raison des
autres, la conscience ne relève que de l'éducation qui
s'est imprimée en elle pour lui faire discerner le bien
d'avec le mal, et l'amener tout naturellement aux
principes de l'honnêteté qui furent le premier enseignement de la religion que nous léguèrent nos pères ! — Si la vôtre vous crie : « Ne crois à rien, ne
crains rien ; remue tout ! » Aux autres, elle dit :
« Reconnais tout l'amour du bien que j'ai placé en ton
cœur, et supporte toutes les injustices des hommes,
parce que les hommes ce n'est que la vanité, avec
toutes les mauvaises passions qui l'accompagnent, et
espère tout du souverain dispensateur du bien qu'ils
t'enlevèrent sur la terre, et auquel il t'avait fait part
égale ! »

Ayant à choisir, le paysan, à la vôtre, a préféré faire sienne la raison de son curé.

Placé sur ce terrain il ne connaît que lui. Et s'il vous prend fantaisie de le critiquer, de le ravaler, ce paysan, quoique feignant de faire chorus avec vous et de se divertir fort de vos saillies, ne manquera pas, aussitôt que vous aurez tourné les talons, de s'en retourner auprès de son curé, parce qu'il sait que là il ne sera pas trompé, et que la religion, comme ailleurs, ne se vend pas à la politique.

Pour vous en convaincre, retournez au village le dimanche suivant. Rendez-vous à l'église, à l'heure des offices, et vous le verrez émotionné, contrit, humilié, écouter avec ferveur le discours que son curé, avec véhémence, fulminera contre ses détracteurs ; et vous serez édifié sur la portée de ceux que vous lui aviez déjà faits vous-mêmes.

Croyez que malgré qu'il ne veuille en convenir devant vous, il prendra fait et cause pour son curé qu'il sait opprimé comme lui. — Le fils de Dieu dont il s'est fait le porte-parole sur la terre, n'est-il pas né dans une étable, comme il naquit lui-même dans une chaumière ? — N'est-il pas né de l'épouse d'un charpentier, comme lui a pu l'être d'une blanchisseuse dont l'époux n'appartenait certainement pas à la bourgeoisie ?

En outre, si on peut reprocher aux gouvernements de payer cher ses « Monseigneurs » Princes de l'Eglise, leur reprochera-t-on de le trop payer, lui, leur humble vassal, qui, lors de la visite d'un passant miséreux, s'estimera bien heureux, en fouillant avec soin sa huche, d'y trouver encore le morceau de pain qui l'aidera à apaiser sa faim ?

Et donc, on peut compter que dans sa dignité, il se gardera bien de réclamer : — n'est-il pas encore bien plus favorisé que ne le fut son souverain maître ? — Le Christ marchait les pieds nus ; et lui enveloppe les siens dans de bons bas, quoique parfois rapiécés, et les chausse d'excellents godillots qu'on lui a laissé emporter du régiment.

C'est auprès de son curé, dont l'origine est identique à la sienne, que le paysan ira puiser de nouvelles forces pour supporter le lourd fardeau de l'existence, et se plaira dans la croyance qu'à la vie d'épreuves d'ici-bas, il en est une autre qui lui est réservée là-haut !

Il ne vous empêchera pas, lui, de ne croire ni à Dieu ni à Diable ! — Quel intérêt auriez-vous alors à l'empêcher de croire à l'un et à l'autre ?

Se récriera-t-il de ce que vous n'aurez pas fait baptiser vos enfants, et leur ayez fait donner la première communion, comme aussi de ce que vous vous ferez enterrer civilement ? — Croyez qu'il s'en inquiète fort peu, et que malgré vos objurgations, appuyées sur l'exemple que vous lui aurez donné, vous n'arriverez pas à le dissuader de faire baptiser et communier les siens, ne serait-ce que pour s'éviter d'encourir le reproche de les avoir privés de cette joie innocente, en leur interdisant de la partager avec leurs autres jeunes camarades, dont ils eussent été ainsi, en quelque sorte, les parias, pour satisfaire à de présomptueuses fantaisies, à une aberration d'esprit, à un défi au bon sens !

Et (pour passer à la note gaie) j'ajoute que s'il lui est parfaitement indifférent que vous vous fassiez enterrer *civilement*, il le sera tout autant de ce que vous vous soyiez mariés sans bénédiction ! — Cela ne l'empêchera pas de se faire conduire au son des violons, suivi de l'interminable file de bons lurons, à l'église, pour, de là, se rendre, exempt de tout scrupule, au festin joyeux et à la danse folle sans avoir pris avis de M. le curé qui, du reste, aurait été loin de décourager ces bons vivants d'un jour !

— Et enfin, à ses croyances, qu'avez-vous à opposer ?

Faisant un faisceau de toutes les religions, vous lui dites que toutes ne valent rien, et que la vôtre seule — du fait de n'en avoir pas — est la bonne. — Pardon, si, vous en avez une ; car en dépit de vos déclamations sur la liberté de conscience, vous ne nierez pas que vous vous êtes fait une religion, avec tous les insignes et les manifestations que vous blâmez dans les autres, et à laquelle il ne manque plus que les simagrées et les *pantalonnades* avec ses prêtres, ses pontifes, tout comme dans la franc-maçonnerie et que vous appelez : « la libre-pensée », se traduisant par le *matérialisme* et rappelant le « culte de la Raison » inauguré sous le sombre régime de la Terreur, avec cette différence que si, à cette époque, époque de l'affranchissement universel de l'esprit humain, on admettait l'existence de « l'Être suprême », vous, les hommes de la décadence nationale, allant plus loin, vous clamez : « ni Dieu ni Maître ! »

Oui, ni Dieu ni Maître, parce que vous vous sentez de force à régler les étoiles, comme à diriger le gouvernement des peuples !

— Pas plus d'ostentation que cela !

Et c'est à la seule consolation aux peines de la vie, qui lui fait entrevoir une existence meilleure, que vous venez dire au pauvre mortel que tout se borne à ce qui se passe sur la terre, et qu'a l'immortalité de l'âme, admise et proclamée par le farouche Robespierre lui-même, vous opposeriez le matérialisme qui n'admet rien du tout, et se refuse à faire une différence entre l'homme et les autres animaux, par la raison qu'il en a la même conformance, la même structure physique ?

Eh bien ! cette religion, gardez-la donc pour vous, et n'empêchez pas l'être humain de croire à l'au-delà, et de s'estimer quelque chose au-dessus de la bête, précisément parce qu'il se sent une conscience, une raison qu'il ne reconnaît pas chez les autres animaux auxquels il n'accorde que l'instinct, seule part que leur ait faite la nature. (Et, sauf quelques névrosés, ne craignez pas qu'il pousse l'excès jusqu'à élever des cimetières pour les chiens.)

Ne cherchez pas à lui persuader que dans la vie de l'homme tout se résume en la jouissance des biens de ce monde, bien ou mal acquis. — Ses croyances le pousseront vers l'honnêteté, parce que le principe de toutes les religions est d'y conduire par l'espoir d'une justice supérieure. La négation de ses croyances, qu'est le matérialisme, se confinant dans la justice des hommes, le conduira-t-il dans la même voie? S'il n'y a plus rien après la vie, à quoi bon se gêner pour profiter des avantages que nous procurent, au contraire, les moyens déshonnêtes pour mener une vie joyeuse et désordonnée?

— Mais la justice, direz-vous! — Quelle justice? la justice des hommes? Elle se vend à celui qui sait y mettre le prix; tandis qu'on n'achète pas la justice de Dieu!

D'ailleurs les lois qui sont l'instrument de la justice des hommes ne sont-elles pas faites par ceux qui constamment excitent à leur violation?...

Vous parlez de la répression qui accompagne les décisions de votre justice et en consacre les décrets; mais à part ceux qui, plutôt que de se laisser mourir de faim, préfèrent se laisser prendre en flagrant délit (et ils ont bien raison), ne verra-t-on pas, un de ces jours, tous les escarpes admis au concours pour briguer une situation, on ne peut plus enviable, que leur offriront les prisons dans lesquelles on se propose d'introduire tout le confort dû à ces estimables personnages: incendiaires, pilleurs d'églises, assommeurs de manifestants patriotes ou simplement paisibles et inoffensifs citoyens; perturbateurs de tout acabit; gens à tout faire, même à préparer le culte du matérialisme, ou culte de jouisseurs, se résumant dans cette expression pittoresque et caractéristique du paysan : « Vie de cochon, court mais bon ». Et en attendant, dis-je, de voir s'accomplir ces prodiges des temps modernes, ne voit-on pas combien, en attendant, on les entoure de toute espèce d'égards ?

Si vous vous contentez de cette justice, laquelle répond parfaitement à vos aspirations de faire votre paradis de la terre, l'homme simple, honnête et pauvre, — pauvre d'esprit, — si vous voulez, ne s'en contentera pas, et réclamera une justice supérieure qui lui promet une revanche dans une vie future, à laquelle vous avez renoncé, étant parfaitement libres de ne pas y croire.

Ne vous occupez donc pas de la religion du paysan, qui relève entièrement de la liberté de sa conscience. Et si la vôtre vous porte vers le matérialisme, soyez matérialistes tant qu'il vous plaira, mais ne battez en brèche ses croyances, ses espérances, ses illusions !

A ceux de ces catholiques qui, au parjure, préférèrent rester ardents patriotes, je demanderai pourquoi, pour le triomphe de leur cause séparatiste de l'Eglise et de l'Etat, ils crurent devoir attaquer si violemment les ministres de la religion catholique auprès du paysan, plutôt que de se borner à pressentir ce dernier sur ses dispositions à l'égard de leur projet et s'assurer de l'intérêt qu'il pouvait y apporter, usant ainsi d'un droit, et même d'une obligation,

qui est du ressort d'un vrai représentant du peuple,
le peuple n'étant que *l'artisan* de la puissance de ses
mandataires ; et pourquoi aussi, dans leur anticléricalisme, sous le prétexte de combattre également
toutes les religions, sachant pertinemment que la
séparation des Eglises et de l'Etat, entraînant naturellement la suppression du budget des cultes, tout en
enlevant les droits de l'Etat sur les cultes, c'était le
culte catholique qui serait le plus particulièrement
frappé, dans leur intention de lui couper les vivres :
le *judaïsme* et le *protestantisme* pouvant parfaitement
se passer des subsides de l'Etat, ayant les richesses
dont on leur avait si bien facilité la possession, pourquoi, dis-je, sévir si rudement sur celui-ci plutôt que
sur les autres ?

Était-ce dans le seul but, au nom de la liberté de
conscience, de détacher de leur religion les renégats
qui l'abandonneraient pour s'adonner au culte du
matérialisme et par leur nombre en imposer aux
autres cultes ? Je ne puis croire à l'énormité de cette
prétention : la conception d'un jour ne pouvant pré-
valoir sur l'œuvre de plusieurs siècles. Et autant
d'adeptes que pourrait s'acquérir le matérialisme il
n'en aurait jamais assez pour les opposer au judaïsme,
au protestantisme et aux catholiques restés fidèles,
réunis.

Car soyez certain qu'en cas d'attaques, soit contre
leurs principes, soit contre leur existence légale, ils
seront trois pour se défendre : les juifs tendant la
main aux protestants, et les deux ensemble tendant

la main aux catholiques, et même tendant la main à tout ce qui est congrégations et associations religieuses, quelles qu'elles soient, voire la *franc-maçonnerie* qui est un culte en même temps qu'une secte, à laquelle même on voulait (probablement à tort) faire appartenir un pape, par la raison qu'on ne saurait jamais assez se donner de force pour résister aux embûches auxquelles on pourrait être mis en butte, malgré, cependant, que seule, la force morale qui s'attache aux religions enracinées depuis des siècles et qui font paraître les efforts que l'on pourrait faire contre elles comme des actes de démence tels que tout ce que l'esprit humain pourrait imaginer ne saurait décrire, suffirait pour n'avoir pas à se servir de la force matérielle. Et ne sont-ils pas de vrais déments ceux qui prétendent enlever « l'idée de Dieu de la conscience des hommes » pour les faire abonder dans leur culte du matérialisme, négation de tout ce qui s'appelle Dieu, c'est-à-dire justice universelle ?

Mais, d'autre part, quel intérêt auraient-ils donc à ce que l'on ne croie pas en Dieu ? Est-ce que Dieu les gênerait pour l'application des lois humaines dans le gouvernement des hommes, aussi honnêtes ou iniques soient-elles ? Est-ce que l'homme n'est pas assez petite chose auprès de lui pour qu'il n'ait à s'occuper de ce qui pourrait venir troubler toutes ces pauvres petites cervelles ? Certes non ; il les laisse libres d'agir, de se quereller, de se *chamailler*, de se faire la guerre, de se déchirer, de s'entre-dévorer, jo dirai même qu'il les laisse libres de vivre et de mourir à tout hasard !

Et s'est-il seulement occupé de savoir s'ils étaient venus au monde, sans se préoccuper de ce qu'il en fera après leur mort ? C'est peut-être bien aussi ce que vous avez pensé, chers matérialistes ! vous avez pensé que l'homme était tellement loin de Dieu, que jamais il ne lui serait donné de l'approcher. Quant à cela, c'est votre affaire ; mais vous ne devez pas avoir la prétention d'empêcher les autres d'avoir cet espoir !

Qu'ils laissent donc, dans leur petit orgueil (car tout est petit auprès de Dieu), qu'ils laissent Dieu comme Dieu les laisse ! Et s'ils ont quelque chose à débrouiller avec ceux qui se donnent comme les représentants de la justice de Dieu, s'ils n'admettent pas la façon dont ces derniers interprètent cette justice, qu'ils les attaquent et leur prouvent que la leur, faite de lois défaites le lendemain du jour où ils les avaient fabriquées, malgré cette instabilité, cette fragilité, lui est préférable.

Mais cet orgueil, que je leur attribue, se changera-t-il peut-être, en ce moment, en une modestie qui leur ferait répondre qu'ils n'ont pas cette prétention, partant, celle de ne pas chercher à se faire passer pour des dieux eux-mêmes. Et alors pourquoi s'opposeraient-ils à ce que l'on croie en celui dont ils ne veulent pas occuper la place ?

Est-ce que, par hasard, ils ne seraient jaloux que des prophètes ?

— Qu'ils essaient alors de se substituer à eux en prêchant leur nouvelle religion ; peut-être, plus heureux que saint Jean, ne prêcheront-ils pas dans le désert !... et qu'ils feront nombre de prosélytes à leur doctrine. Et nous verrons si le succès de leurs *pasquinades* leur aura servi à perpétuer leur mémoire, comme sans doute ils en ont l'ambition.

— C'est bien possible qu'ils y parviennent et que l'on parle longtemps d'eux ; mais... pour en rire !

— Seulement on ne rira pas tant que cela, lorsqu'on se rappellera, avec douleur, qu'ils n'avaient si bien travaillé que pour mieux tuer ce qu'il pouvait encore rester de bons sentiments dans le cœur de l'homme !

— On ne rira pas de ce qu'ils se soient infatués d'eux-mêmes à ce point qu'ils avaient pu se croire la justice supérieure dans l'intolérance : triste condition pour des gens qui s'instituent les défenseurs de la démocratie !

Et si on devait rire de quelque chose, ce serait d'avoir vu des gens se camper fièrement, sur un piédestal qui n'attend plus que leur statue, dans une attitude majestueuse, le bras tendu comme pour commander à l'humanité ; le poing crispé, menaçant le ciel, et hurlant : « Ni Dieu, ni Maître ! — La loi universelle ? C'est moi ! — Dieu ?... c'est un crétin ! » Lorsque si, de Dieu, en le reniant, ils peuvent ne pas en avoir, des maîtres ils en ont partout, et jusques en eux-mêmes, par l'empire de leurs passions prenant leur source dans l'instinct du mal qui accompagne

notre naissance et qui ne nous a été imposé par la
nature que pour éprouver jusqu'à quel point nous
aurons la force de vaincre nos passions pour le
triomphe des vertus nécessaires au rang que nous de-
vrons occuper dans la vie et qui nous distingueront
du reste de l'humanité !

Mais, malgré cela, que ne seront-ils fiers, si, ne
pouvant faire plus, ils ont toujours laissé des traces
de leur intolérance qui, si elle ne leur a pas rapporté
autre chose, aura établi leur renommée à laquelle ils
aspirent avec tant d'ardeur tout en froissant profondément l'esprit public dans le pays.

— Eh ! mon Dieu ! puisque c'est cette renommée
qui les affole tant, pourquoi, si ce n'est dans le pays,
ne leur élèverait-on pas ailleurs des statues, même
sous promesse d'oublier que, farouches anticléricaux
ils avaient pu, néanmoins, envoyer leurs enfants à
l'école des jésuites ? — On a vu des réformateurs
posséder de non-moindres faiblesses !...

Usant largement du droit de critique, ils ne se
sont pas fait faute de se prodiguer en sarcasmes sur
les pratiques et cérémonies religieuses, malgré que
ce soit à eux, surtout, qu'elles profitent dans ce
qu'elles ont de plus grandiose pour peu qu'ils aient
des goûts *dilettanti*. N'est-ce pas, en effet, l'habitant
de la ville qui, s'il n'a pas assez de fortune pour lui
permettre d'aller entendre les chœurs de l'Opéra, se
délecte à satiété des symphonies des chants sacrés,
œuvres des plus grands maîtres de l'art musical,
et ce, pendant que le villageois ne sait que revenir

à ses anciens chants aussi naïfs et innocents que
peut l'être la candeur de son âme, mais qui lui suffisent pour relever un peu la monotonie de sa vie
toute faite d'uniformité et de travail, et exempte d'un
peu moins de matérialisme que veulent le faire croire
certains romanciers naturalistes...

Et si, encore, en vrais puritains, nos *anticléricaux* s'étaient contentés de leurs critiques, de leurs
sarcasmes, et, dans la fureur de leur prétendue aus-
térité, n'étaient pas venus mettre le comble à leur
intolérance, jusqu'à supprimer les manifestations
extérieures du culte catholique, sous des raisons qui
ne tiennent pas debout, comme, par exemple, celle
qu'ils donnèrent que c'était par égard pour les autres
cultes que ces manifestations pouvaient contrarier, et
pour établir cette *égalité* entre eux, parce qu'avant
tout, ils en sont, comme vous savez, pour *l'égalité*,
l'une des trois vertus *théologales*, quoique civiques,
de la république, feignant d'ignorer que la liberté en
est une autre, de laquelle rien n'empêcherait les
autres cultes de profiter. Mais non, pas plus cette
raison que toutes celles qu'ils invoquèrent n'avait
aucune valeur auprès de celle, la seule vraie, en haine
du prêtre, de venir ôter au paysan cette joie de voir
ses enfants, l'orgueil de la famille, figurer dans un
cortège avant tout respectable.

Et s'ils crurent, en agissant de la sorte, s'attirer la
reconnaissance des autres cultes, dont ils cherchaient
à ménager les susceptibilités, ils se fourvoyèrent
lourdement ; car si, au lieu de prendre une mesure

aussi draconienne, ils l'avaient soumise à un referendum, ils auraient vu, alors, les juifs eux-mêmes, en vrais commerçants, blâmer un acte qui les privât de faire la fourniture des accessoires des processions.

Mais à part cette raison, n'en était-il pas une autre, émise par d'aucuns, que ces cérémonies étaient d'un autre âge et en contradiction avec l'esprit républicain, en ce qu'elles rendaient avec trop de solennité des hommages au *Très-Haut*, lorsqu'ils souffrent avec tant de docilité les hommages avec leurs courbettes et toutes simagrées protocolaires, aux *très-bas* que sont, le plus souvent, les chefs de gouvernements, potentats de toutes sortes, devant qui, dans les cortèges ou cérémonies officielles, on se jette à plat ventre, poussant des vivats qui sembleraient devoir faire une immortalité de la créature, supérieure à l'immortalité de son créateur ?

Ou, ne seraient-ce pas les habits sacerdotaux des représentants de la justice de Dieu qui les offusquaient, lorsque ceux qui représentent la justice des hommes s'affublent d'écarlate et d'hermine rappelant les tribunaux de l'Inquisition ?

En tout cas, si on a vu des curés prendre le fusil contre les Prussiens, en revanche, combien a-t-on vu de juges courir sus à l'ennemi ?

Et, si ces derniers, sous l'influence de l'étranger et de son argent, ont pu condamner des patriotes, ne vit-on pas les premiers, au nom de la patrie prêcher la tolérance, la concorde et la justice dans l'humanité ?

Non, en froissant les sentiments des croyants d'une religion qui fait majorité en France, ils n'ont réussi qu'à faire détester la république, au lieu de la faire aimer partout, et par tous, comme ils auraient dû s'y croire obligés, en qualité de représentants du peuple, dans toutes ses classes et ses religions. Et si ce n'était que pour faire réussir leur projet de la séparation de l'Eglise et de l'Etat (qui tenait bien peu de place dans les préoccupations de l'âme française), qu'ils crurent susciter ce grand mouvement qui agita la France dans un moment où il y avait des choses bien plus urgentes à faire pour son bonheur et l'avenir de la république, ils employèrent bien mal un temps qui aurait dû leur être autrement précieux.

Dans tous les cas, ils négligèrent de se rendre compte, qu'après tout, cette réforme aboutissant, les catholiques pouvaient, d'abord, n'avoir pas une répugnance invincible à son égard sachant que la suppression des subventions de l'Etat serait l'augmentation du denier de Saint-Pierre en même temps qu'une recrudescence des dons provenant des générosités des croyants accourant aux appels et aux lamentations des *martyrs* de la tyrannie républicaine, et ensuite, qu'au point de vue politique, c'était les affranchir de toutes leurs obligations envers l'Etat et leur permettre une liberté d'action qui n'aurait peut-être pas toujours été dans le goût ni dans l'intérêt de ce dernier.

Mais puisque cette question de la séparation n'ayant pas fait un pas, semble complètement abandonnée (et non pas à tort, à mon avis), voyons maintenant ce que sont devenus ceux qui, lors de la scission du parti dit socialiste et anticlérical, se séparèrent des autres en prenant le titre *d'internationalistes*, pour se joindre aux juifs, aux protestants et aux francs-maçons, et combattre ensemble dans l'affaire Dreyfus, en vue de la cassation de l'arrêt de condamnation prononcé contre ce dernier, et aussi d'une réhabilitation, forcée même, après une seconde condamnation confirmant la première.

Et d'abord, dois-je dire qu'en défendant Dreyfus, leur coreligionnaire, les juifs défendaient la probité et l'honneur dans leur religion que celui-ci avait compromise, sentant qu'une attaque contre elle pourrait avoir sa répercussion sur leur autorité dans les affaires publiques auxquelles ils avaient accédé, d'autant qu'on les avait déjà assez attaqués dans leur religion, au nom de l'antisémitisme, et par de fervents catholiques qui prétendaient qu'il ne pouvait y avoir qu'un juif pour trahir la France. — Fâcheuse prévention ; car il est bien certain que les juifs ne pouvaient être ses complices, lorsqu'ils ont de si grands intérêts en France. Et c'est par la suspicion qu'on a étendue sur eux, qu'ils ont pensé qu'après la fortune il n'y avait plus, pour se garantir des attaques que l'on dirigeait contre eux, qu'à s'emparer du gouvernement, et de sacrifier de l'argent, beaucoup d'argent pour corrompre ceux qui le détiennent.

Et aujourd'hui, et parce qu'ils ont de l'argent, on est obligé de subir l'autorité que cet argent leur donne ! Aujourd'hui l'intérêt même de la France commande de composer avec eux ! — Oh ! ne vous récriez pas ; c'est vous qui l'avez voulu ! — de la France qu'ils livrèrent constamment aux influences de l'étranger, et qu'ils jugent ne devoir rien perdre de ce qu'ils ont acquis, et que ce que l'on voudrait leur enlever d'un côté, il faut qu'ils le rattrapent de l'autre.

Dans leur défense de Dreyfus ce n'est donc pas précisément à eux que vous devez vous en prendre ; car leur acte serait plutôt louable, et presque excusable chez les protestants à qui ils firent appel. Mais s'il est *foudroyablement* condamnable, c'est chez ceux qui, d'opportunistes, radicaux, socialistes, voire collectivistes, passèrent armes et bagages au *dreyfusisme*, pour se mettre à son service, comme, en tout temps, ils s'étaient mis au service de toutes les mauvaises causes pourvu qu'elles leur rapportassent, et, cette fois, sous l'étendard du collectivisme international, et de certaine « *lampe familiale* » qui devait éclairer la justice, la vérité, le droit et toutes choses délectables, plus précieuses les unes que les autres, mais dont, cependant, une seule se dissimulait dans l'ombre entourant l'abat-jour de cette lampe : le *gousset*, et qui, après toutes sortes de péripéties, devaient conduire au gouvernement dit de *défense républi-caine.*

Si les juifs avaient fait main-mise sur la politique, et faisaient de l'internationalisme pour avoir l'appui de l'étranger, où se comptent tant de leurs coreligionnaires, pour obtenir le triomphe de leur cause, les misérables qu'ils soudoyaient demandaient, eux aussi, l'aide de l'étranger leur permettant de lui livrer leur pays et d'ouvrir leur coffre-fort à deux battants, pour en recevoir, et de lui, et des juifs auxquels ils s'étaient vendus.

C'est au nom de l'internationalisme que ces félons du patriotisme en appelèrent de l'étranger pour intervenir dans nos divisions intestines, à défaut d'une justice qui, disaient-ils, n'existait plus en France; mais dont le motif réel était de lui livrer notre pays, s'ils ne réussissaient à lui imposer, pour le moins, un gouvernement de leur choix, et servant leurs intérêts, fût-il tout à l'encontre des vœux du suffrage universel !

Honnis soient-ils donc ! car s'il fut un traître dans la cause qu'ils entreprirent de défendre, eux n'en furent pas le moindre. Que dis-je ? Ne seraient-ils donc que traîtres ? Ne seraient-ils pas plutôt les bourreaux de leur patrie ?

Mais suivons-les, et admirons leur attitude dans toutes les questions proposées par le gouvernement, inspiré, commandé lui-même par des vice-rois se tenant dans la coulisse.

Dès l'abord, vous les verrez opposés à la proposition qui leur aura été soumise, osant, de par la voix la plus affirmative de leur conscience — comme s'ils en avaient une — dire publiquement qu'ils la désapprouvent complètement, et, au moment du scrutin, s'empressent de la voter, pour continuer à maintenir le ministère leur complice.

Et ainsi ils feront jusqu'aux élections prochaines, gardant plusieurs atouts dans leurs mains qui leur permettront de continuer, par le trafic de leurs votes, de s'enrichir en attendant, et, le moment venu, de dire aux électeurs que, si malgré leurs protestations du moment aux actes que le gouvernement voulait leur faire accomplir, ils votèrent quand même pour lui, c'était pour maintenir la paix et parer aux atteintes que l'on pourrait diriger contre elle, soit dit, contre le « gouvernement de défense républicaine ».

Un fait, entre autres, vous donnera toute la mesure de leur perversité, et montrera que tous les moyens leur sont bons pour arriver à leurs fins :

— Vous les verrez donc faire la guerre aux congrégations, et, en même temps, faire pacte secret avec elles pour leur protection, et, pour dissimuler leur stratagème, jouer la comédie de lancer à la tête de leurs adversaires, qui, à leur tour, le leur renvoient gentiment, certain *Père du Lac* qui, à mon idée, n'est simplement qu'un maître *canard* barbotant dans le *lac* aux grimaces ; et cela, parce que, s'étant présenté aux élections dernières sous la bannière de l'anticléricalisme, il est de convenance, en donnant le change, de ne pas laisser croire à ce qu'ils auraient pu se départir, sans raison, de cette qualité.

Autre fait significatif :

— Quelques maires, pour les éprouver et éprouver le gouvernement qui est des leurs, interdisent aux ecclésiastiques le port de la soutane dans leur commune. Ces derniers sont déférés devant les tribunaux. Les tribunaux les acquittent !

Que veut dire cela ?

Ne serait-ce pas que j'interprète mal l'intention des maires ?... — Cependant si les maires y étaient allés de bonne foi, au lieu d'une *frime* au gouvernement, pour quelle raison les juges de paix ne condamneraient-ils pas ? Est-ce qu'ils ne seraient pas de l'opinion du maire parce qu'ils sont juges de paix ?

— Que signifie donc cette unanimité chez ces derniers ?

Etrange !

Mais laissons, pour l'instant, nos bons internationalistes ; nous les retrouverons un peu plus tard, en qualité de serviteurs de toutes les causes bourbeuses. Nous aurons l'occasion de les retrouver, nageant en plein dans d'autres eaux, toujours dans les eaux troubles, ne sachant pêcher que dans celles-là, et revenons à nos frères en nationalisme républicain, pour leur prêcher, en même temps que la justice qui n'a jamais déserté leur cœur, une vertu qui, jusqu'à ce jour, n'a pas précisément été la leur : la tolérance !

Et d'abord, la justice !

J'ai déjà cru pouvoir dire que la suppression du budget des cultes n'empêcherait pas les cultes de subsister par les dons des *fidèles*, mais qu'elle aurait pour résultat de faire perdre à l'Etat le bénéfice de la prépondérance du pouvoir civil sur les autres pouvoirs, dont tout gouvernement fort doit être jaloux.

Ce qui me le donne à présumer, et peut convertir cette présomption en certitude, c'est que toutes les communautés religieuses vivent de ces mêmes ressources.

— Et c'est bien ce qui m'incite le plus à réfléchir !

— C'est ce qui fait me demander si l'argent qui sort de la bourse des ferventes dévotes, pour l'entretien des communautés, composées d'hommes valides et solides qui rendraient un peu plus de services à la société, par leur travail, en place d'une oisiveté qui ne profite qu'à eux-mêmes, ne serait pas mieux employé pour aller aux pauvres malheureux qui manquent du strict nécessaire à l'existence !

Est-ce que dans un gouvernement, surtout le gouvernement républicain, en vertu de ses prérogatives, et sans avoir recours à la séparation de l'Eglise et de l'Etat, moyen qui ôte à son autorité de s'exercer sur l'Eglise et le dessaisit de ses chefs comme fonctionnaires de l'Etat (ennemi du fonctionnarisme, en général, j'accepte celui-là, parce que son maintien est une garantie contre les désordres se manifestant au nom du droit divin, dont la force est d'autant plus grande qu'elle s'étaie sur la conscience des peuples), est-ce, dis-je, au gouvernement de ne pas en imposer à ces communautés, et, au lieu de l'encouragement à combattre la religion dans ses principes, la déblayer plutôt des parasites qui l'entourent, ou bien prendre des mesures (j'en indiquerai, plus loin, une, qui à mon avis, mettrait fin à cette situation anormale, et insolite à l'égard des obligations de tout citoyen envers la Société), prendre des mesures, dis-je, qui limiteraient tout ce que leur existence pourrait avoir de désobligeant et pour l'Etat et pour la religion même.

Et, à l'égard de la religion, n'est-il pas pénible de voir les communautés parées de ses insignes, en son nom, au nom de la charité qui en est la base, ne vivre que d'elle, et par elle, malgré toute présomption qu'en haut lieu on reconnaisse que toutes ces communautés ne sont qu'une superfluité encombrante à la religion, et certainement antipathique au bas clergé, mais aidant à augmenter le prestige du chef de l'Eglise, en même temps que celui des évêques, qui, à l'instar des courtisans de la monarchie sentent leur puissance s'élever en proportion de celle du monarque ?

En faisant cet élagage, soyez sûrs que si vous vous attirez des protestations de ces derniers, vous n'aurez pas à craindre celles du bas clergé, car s'il lui était permis de vous ouvrir sa conscience, vous verriez jusqu'à quel degré ces communautés sont les épouses de son cœur !...

Au premier rang des vertus qui sont le propre de la république, doit se placer la justice ; et la première application de cette justice doit s'exercer sur ceux qui sont appelés à servir la république.

Et servent-ils la république ceux qui, se parant des insignes de la religion, et agissant en son nom, exercent la mendicité ne devant profiter qu'à eux-mêmes, ou se livrent à l'exploitation d'industries dont les produits feraient vivre des familles, au lieu d'aller enrichir ces communautés de biens dont les particuliers, pas plus que l'Etat, ne retirent la part qui leur serait légitimement due. — servent-ils la république ceux-là ? — Non !

Il y a ensuite ceux qui, s'adressant à nos législateurs, leur diront : « Nous sommes les représentants de la justice de Dieu venant en auxiliaire de la justice des hommes, la justice de Dieu constituant une morale qui est le frein opposé aux mauvaises passions que toutes vos lois, même les plus sagement pondérées, ne pourront arrêter, parce que toutes se rapportent à une organisation sociale, plus ou moins équitable, à laquelle Dieu n'avait pas à prendre part, se contentent d'introduire, dans la conscience de l'homme le secret d'une justice qui, si elle n'est seulement que perçue de votre esprit, ne peut être appliquée, même par les plus sages d'entre vous. Et cette justice, nous avons accepté le mandat de la représenter pour l'inspiration de celle des hommes ! »

— Répondez vous, pour ces derniers, qu'ils sont utiles à la république ? — Oui !

Et, lorsque vous serez majorité au pouvoir, il y a tout lieu d'espérer que vous n'engagerez pas les maires à tenter à nouveau de leur interdire le port de la soutane, reconnaissant que peut porter soutane qui, en dehors de son mandat, a porté la tunique du soldat ; et se servir du goupillon, qui s'est servi du fusil !

Lorsque vous serez au pouvoir, vous laïciserez l'école : c'est dans les prérogatives du pouvoir civil ; mais vous n'en ferez rien de l'hôpital, parce que l'hôpital appartient à l'humanité, et que tous, soit religieux ou laïcs, doivent être appelés à concourir aux soins à apporter à ceux qui souffrent !

Vous ferez, aussi, tout ce qui sera en votre pouvoir pour éviter qu'au nom d'une religion une autre soit attaquée dans son esprit, mettant ainsi fin aux sujets irritants qui peuvent diviser les enfants d'une même patrie ; et suivrez, en cela, l'exemple de la victime de toutes les réactions coalisées s'abritant sous le titre fallacieux de « défense républicaine », qui, s'il n'a pas toujours été bien inspiré dans ses tentatives contre le système gouvernemental actuel, a, du moins, été profondément sage dans son refus de se compromettre à l'antisémitisme ?

Maintenant que j'ai exprimé ce que j'avais à dire sur la question religieuse en France, me permettra-t-on de me transporter, un instant, de l'autre côté des Pyrénées, et ce, malgré que je sois internationaliste seulement au point de vue humanitaire (je dirai plus loin pourquoi je ne le suis pas au point de vue politique et encore moins au point de vue économique), pour apporter mes exhortations dans cette même question, chez nos voisins les Espagnols, chez qui elle provoque quelque effervescence en ce moment.

Je n'aurais cure de ce déplacement si ce mouvement ne se produisait du fait des républicains de ce pays ; mais en républicain convaincu sentant les liens de solidarité qui au nom de la fraternité des peuples doivent unir tous ceux animés de la même foi, de la même religion politique : communion d'idées faisant supposer la même conscience à quelque nation et à quelque civilisation que l'on appartienne, je crois devoir prendre la liberté d'aller leur représenter que les peuples ne vivant, ou ne devant vivre, que par les gouvernements qui les régissent, et que le peuple espagnol, ou pour mieux dire les républicains espagnols, au nom de la république, qu'ils convoitent, croient devoir débuter, pour hâter son avènement, par des attaques à la religion, en commençant par là ils font fausse route.

En suivant cette voie, leur dirai-je, au lieu de faire des prosélytes, vous ne ferez que des réfractaires à la république, dont, d'abord, contre votre intention, par la méfiance que l'on aura de vous-mêmes, vous retarderez l'avènement, et aussi par les mauvaises intentions que vos théories pourraient faire supposer et craindre pour l'avenir de cette république que vous seriez parvenus à établir.

A la monarchie vermoulue qu'est la vôtre, vous voulez substituer la république : rien de mieux ! Et, comme moi, lorsque j'étais plus jeune, pensez-vous, peut-être, que la plus mauvaise république devrait valoir mieux que la meilleure des monarchies, parce que la république est un gouvernement perfectible, tandis que la monarchie ne l'est pas, et ne peut pas l'être.

Mais, quoique perfectible, gardez-vous de l'établir sur de fausses assises, parce que vient l'instant où, à l'engouement du moment, peut succéder la réaction qui entrave le progrès, pour éterniser ce qui fut le point de départ. Car, rappelez-vous que tout, en ce monde, répond à ses origines (vous en avez un exemple frappant dans l'immobilisme de la république française, depuis trente ans qu'elle existe), et si ce point de départ est un faux départ, nous risquons fort de nous être trompés, vous et moi, lorsque nous avions pu croire que « la plus mauvaise république devait valoir mieux que la meilleure des monarchies ».

C'est un faux départ que de commencer d'abord, sous prétexte de guerre au cléricalisme, de nier Dieu, et surtout dans des termes autrement énergiques que ceux dont on se soit jamais servi jusqu'à ce jour : « Il faut arracher l'idée de Dieu de la conscience des hommes », s'écriait dernièrement un de vos orateurs ! Je ne sais si le peuple voudra le suivre dans cette voie, et s'il consentira à renoncer à ses croyances qui datent de la création du monde, pour se jeter dans un matérialisme qui, tout en excitant les passions humaines pour la jouissance des biens de la terre, ne peut être que l'assommoir des cœurs et des âmes, en même temps que des consciences.

— Ce n'est pas en renversant tous les principes intimes de l'humanité qui portent les hommes vers le bien, et au vice leur fait préférer la vertu, que l'on peut prétendre les préparer à un gouvernement qui n'est que la plus fidèle reproduction de l'assemblage de toutes ces vertus !

Oh ! non, le mieux, soyez-en persuadés, est de l'inciter à persévérer dans sa croyance en Dieu, mais en un Dieu démocrate, s'entend, et non en un Dieu bourgeois ! En un Dieu dont la demeure est l'église du village, et non celui qui habite l'orgueilleuse cathédrale !

— Espagnol ! crains de charger la conscience de la république de ce gros péché dont elle recevrait difficilement l'absolution, surtout dans un pays qui, comme le tien, a été tant travaillé !.. Lorsque l'on a été atteint par une maladie aussi longue, la guérison ne peut s'obtenir si vite ; et si elle s'obtient, ce n'est qu'après une longue convalescence !.. Méfie-toi donc de ceux qui s'annoncent chirurgiens avant de n'avoir rien connu de la médecine, parce qu'ils ne sont capables de faire que de redoutables empiriques !

Il est incontestable que, de tous les pays où le cléricalisme a fait des ravages, le tien est celui qui a été le plus éprouvé ; mais ce n'est pas une raison pour frapper à tort ou à travers, sans mesurer ses coups, imitant en cela nos hommes politiques qui, au lieu d'attaquer en face, frappaient à côté ; qui, au lieu de frapper sur les grands, qui pouvaient gêner l'action politique dans ses rapports avec l'Église, s'achar-

naient contre les petits, qui n'avaient rien à y voir :
les premiers étant l'aristocratie de l'Eglise, les autres
n'étant que la démocratie, sa tributaire ; les uns pouvant, et faisant tout le mal, les autres ne demandant
qu'à répandre le bien !

En admettant, du reste, que l'on parvienne à faire
quelques adeptes au matérialisme, espère-t-on séduire
la majorité du peuple ? Et pour avoir un bon gouvernement, la condition essentielle est d'avoir le peuple
pour soi. Et croit-on avoir le peuple pour soi lorsque
l'on bat en brèche ses croyances ? C'est une stupidité
que d'émettre une pareille hypothèse.

Si, comme je le disais en France, tu as à te débar-
rasser des exploiteurs de religion, des parasites de
l'autel, frappe, chasse, et du champ de la religion
exploitée, dont ils se sont fait une carrière, refoule-
les dans la vie civile pour en faire des pères de
famille, suivant la loi de Dieu-nature. Et s'ils n'y
consentent, eh bien ! chasse-les de ton pays, que
gangrène leur présence, pour les envoyer en Chine
d'où, armant tes soldats, tes vaisseaux, tu te garderas
d'aller les en tirer, et les venger des Chinois qu'ils
seront allés tracasser.

Et ne perds pas de temps pour cette épuration !
N'attends pas que la situation devienne inextricable
comme elle l'est aujourd'hui en France où, ne pouvant sans danger expulser les communautés après
une tolérance de trente ans de république, nos gouvernants se voient dans la nécessité, se rappelant les
programmes électoraux de ses souteneurs, d'agiter

cette question en faisant une distinction entre congrégations *autorisées* et *non autorisées*, comme si elles n'étaient pas aussi malfaisantes les unes que les autres, comme si les unes et les autres n'étaient pas attentatoires à la dignité de la religion : celles qui font le commerce des prières, aussi bien que celles qui entretiennent des usines et des fabriques en employant des individus sans une famille à laquelle ils ont renoncé, pour que le fruit de leur travail contribue à la fortune de leurs communautés, au détriment de ceux qui ont femme et enfants à nourrir.

Chasse-les, comme celui qui vint pour représenter Dieu sur la terre, chassa les marchands du temple, pour ne laisser vivre que cet autre dont le mandat est de continuer l'œuvre du Maître, c'est-à-dire ton petit curé qui, loin d'être du nombre des marchands, n'a en partage que l'humilité convenant au représentant de ce Dieu de charité et de justice, qui inspira aux hommes héroïques de la grande Époque, cette devise que dans l'époque décadente qu'est la nôtre, nous gardons précieusement dans nos cœurs pour, si elle n'est pas dans le cœur de nos dirigeants, en faire le plus noble usage, lorsque les temps seront venus cette devise proclamant les droits de l'homme disant *égalité*, *fraternité*, et qui deviendra tienne, lorsque ce Dieu dont on cherche à « en arracher même l'idée de la conscience des hommes » t'aura aidé à l'avènement de ce gouvernement qui devrait être le gouvernement de toutes les nations, nous évitant l'affligeant spectacle d'un peuple qui, ébloui par la magnificence des oripeaux dont s'affublent les princes et les rois, et achetés au prix de sa misère, les acclame et se jette à leurs pieds pour leur prodiguer des hommages, hommages qui demain se changeront, peut-être, en de furieuses imprécations et, fasciné par le sentiment de leur grandeur et de leur valeur factice, sans sentir vibrer en son cœur l'âme du citoyen libre, se précipiter à la suite de leur cortège dans l'illusion que s'il a le ventre creux il n'en est pas moins à la table de ses maîtres, et que s'il est couvert de haillons, ces haillons sont utiles au rehaussement de leur prestige, oubliant tout dans son délire, tant il éprouve le besoin d'être heureux !..

Chasse-les, te dis-je, mais conserve ton curé ; protège-le, même, parce que celui-là loin de te nuire, te sera plutôt utile pour faire le bien ! Conserve-le plutôt, pour en faire un bon républicain et lui faire bénir tes arbres de la liberté, comme faisaient les nôtres en 1848, en souvenir de ce que la première république fut, de tous les gouvernements qui s'étaient succédé jusque-là, quoique monarchiques, le seul qui songeât à porter quelque amélioration à leur trop modeste sort.

— Et ce n'est pas de la république des immortels révolutionnaires de 93 que te viendrait le mauvais exemple, je suppose !...

Songe que ce n'est pas d'eux que l'on eût pu attendre la pensée « d'arracher l'idée de Dieu de la conscience des hommes » puisqu'ils continuèrent les hauts exploits qu'au nom de « Dieu et Patrie » avaient accompli ceux qui les avaient précédés.

— Ce n'est pas eux qui eussent pu comprendre qu'au nom de la liberté, des républicains seraient plus intolérants que les monarchistes, au nom de la tyrannie !

— Ce n'est pas, non plus, eux qui auraient pu s'attendre à ce que de la grandeur de leurs actes, accomplis au nom de « Dieu et Patrie ! » on serait descendu aux cris, les uns de « ni Dieu ni maître ! », les autres, de « ni Dieu ni Patrie ! », au degré d'abaissement auquel les peuples sont réduits ! .

Avant de m'en retourner en France, maintenant que je crois avoir épuisé tout ce que j'avais à te dire sur les choses de la religion, et montré combien le danger d'un combat, mal entrepris contre elle, pourrait être néfaste à la république que tu voudrais implanter dans ton pays, laisse-moi te donner quelques conseils sur ce qui a rapport au pouvoir civil qui, sous tout gouvernement fort, prévoyant, et voulant se faire respecter, doit avoir prépondérance sur les autres.

Dans son organisation, ce pouvoir doit défier toute prise à la réaction, celle-ci étant bien plus nuisible à la république qui est un gouvernement d'autant plus fragile qu'il est à la merci de tous, et que, pour cette raison qu'il est à la merci de tous, il importe de le faire aimer du plus grand nombre, afin que la réaction vienne butter contre lui comme, par une nuit obscure, se viennent butter contre un phare lumineux, les oiseaux nocturnes, éblouis par sa clarté, pour tomber morts à ses pieds ! le phare étant la république, les oiseaux nocturnes, la réaction.

La première condition pour le faire aimer du peuple, est de saisir tous les moyens — les plus honnêtes, s'entend — de le rendre riche pour que, le rendant riche, il puisse distribuer sa fortune entre tous ses citoyens, de manière à leur procurer par le travail, l'existence la plus facile qu'il se puisse faire ; et aussi s'acquérir le droit de tout braver pour se faire respecter des autres nations.

Or, pour en arriver là, il importe aux dirigeants de procéder à des économies que permet le gouvernement de la république, appelé le « *gouvernement à bon marché*. » (Il est vrai que nous ne nous en apercevons guère en France !)

Et, d'abord, la suppression de la liste civile serait une première et assez notable économie. La diminution du nombre des députés, avec une réduction possible de leurs émoluments, à laquelle on ajouterait celle portant sur les émoluments des ministres, en serait une autre ; et les deux en constitueraient une, qui déchargerait d'un assez lourd fardeau les épaules de la république.

Tout en réalisant une certaine économie de ce chef, restreignant le nombre des députés, on aurait encore cet avantage, très appréciable, de mettre obstacle à des compétitions pouvant se former dans des groupes de certaine importance, d'où naissent souvent les complots.

Mais encore, comme toutes choses remontent à

leur source, et qu'il est bien difficile de revenir sur les *gaffes* que l'on aurait pu commettre, lors de l'élaboration de la constitution, aie bien le soin de spécifier qu'ils ne seront payés que suivant leur travail exactement comme l'ouvrier à qui l'on ne paie sa journée que lorsqu'il l'a faite, et non lorsque l'on n'aura que supposé qu'il l'ait faite par le moyen usité dans la chambre française où les présents font besogne des absents, votant même à la place de ces derniers. — N'est-ce pas vraiment manière de procéder la plus hilarante qui se puisse imaginer?

Quant aux ministres que l'assemblée aura choisis parmi ceux qui auront offert le plus de garanties sous le rapport des capacités et des qualités personnelles, tu pourras augmenter de quelques *pesetas* leurs appointements, et encore pas trop, parce que moins ils seront payés plus ils rendront de bonne besogne, la perspective de faire fortune au pouvoir les attachant d'une manière indéracinable à leur métier, malgré que leur conscience leur commanderait de faire tout à l'envers de leurs agissements commandés par les circonstances.

Pour le Sénat, institution monarchique par excellence, plutôt nuisible qu'utile dans une république (encore un exemple t'est offert en France) supprime-le. C'est encore une autre économie acquise à ton budget, et qu'une chambre unique élue au suffrage universel, étant la représentation directe de la souveraineté populaire, établira exactement les responsabilités qui, pour être effectives, ne doivent pas être partagées ; Et aussi, qu'un Sénat d'essence contraire à la chambre puisqu'il ne peut procéder du même mode d'élection, fait tomber en plein dans le gouvernement bourgeois, certainement moins désirable que la monarchie parce qu'il crée une aristocratie cent fois plus détestable que l'aristocratie monarchique.

Quelques *pesetas* de plus aussi au président de la république, si tu crois devoir t'en donner un. En France, nous sommes riches ! Aussi payons-nous grassement les nôtres ; et encore trouvent-ils que nous ne les payons pas assez, puisque, à l'occasion, ils désertent le poste, pour monter en grade, et se font empereurs, comme ce neveu de son oncle, chez qui il avait fait apprentissage ; de son oncle l'empereur premier ! — Tu sais bien ? ce premier consul de la première république qui l'éleva, et qu'il détruisit pour se faire exterminateur de peuples et grand faiseur de rois !

— N'en avait-il pas, même, fait un, à ton intention, si je m'en souviens, et que tu eus l'impolitesse de lui renvoyer, ne trouvant pas que ce fût objet de ton goût ?...

Si, dis-je, tu crois devoir te donner un président, je te conseille, pour toute sûreté, de ne le choisir qu'âgé d'au moins soixante-dix ans, parce qu'à cet âge on n'a plus d'ambition !...

Après ces recommandations portant sur des raisons de tactique et d'économie, j'en ai encore d'autres à te faire touchant le caractère des individus qui devront composer ton gouvernement : Ne prends pas

tes députés dans les mêmes classes d'où sortent les
nôtres ; et, surtout, garde-toi des orateurs et des
poètes, parce que les premiers, par leurs sophismes,
les entortillements et les finasseries de leurs discours,
faussent les jugements, brouillent les consciences et
pressurent les esprits au point de ne leur accorder
aucune retraite contre les désagréments, parfois les
dangers d'une surprise pouvant être néfaste à l'objet
en discussion : ce qui, tout en ne donnant pas beaucoup de relief à l'esprit des assemblées, n'augmente
guère leur prestige.

Et pour ce qui a rapport au principe, qu'auraient-
ils à ajouter aux discours des hommes de la grande
époque établissant les beautés d'un régime fondé sur
les libertés publiques en opposition aux régimes d'oppression et de tyrannie qu'ils venaient de détruire ?
Que peuvent être les discours d'aujourd'hui comparés
à ceux des géants de ce temps-là ? — Plus raffinés
dans la forme, peut-être ; mais plus grands dans la
sincérité. — Non ! Et à toute fin, ils ne pourraient
jamais qu'être leur continuité, ou simplement leur
réédition ! A quoi bon, alors, puisqu'on a fait si bon
marché de leurs enseignements et si parfaitement
méprisé leurs augures ?...

Tout fut dit en ce temps, et en une éloquence que
celle d'aujourd'hui ne saurait dépasser. Et si, oubliant
leurs traces, on dédaigne de prêcher d'exemple, hors
la loi, les plagiaires !

Nos orateurs d'aujourd'hui, loin d'ajouter à la loi
patriotique où l'on ne parlait qu'au nom de l'intérêt

général, ne sont plus que disposés à en retrancher pour ne parler qu'au nom de l'intérêt particulier à leur parti, si ce n'est même à leur propre individu. Et tandis que les anciens nous excitaient à avancer avec confiance, les nouveaux nous incitent à suspecter leurs intentions : les premiers, par leur bonne foi, les derniers, par leurs perfides calculs.

Ainsi donc pas n'est besoin d'orateurs, ou, pour le moins, de leurs discours dans les assemblées législatives. Leur place est mieux comprise dans les assemblées populaires où, sans réticence, ils peuvent se lancer, ailes déployées, dans le champ de l'éloquence aussi grande soit-elle, pour célébrer les vertus oubliées de nos pères et faire connaître au peuple quels sont les droits et les devoirs qu'ils lui léguèrent pour asseoir sa souveraineté. Et c'est aux parlements, qui doivent être le contrôle de cette souveraineté, de s'inspirer de leurs discours suivant l'accueil que le peuple leur aura fait.

— Restent les poètes dont je ne préconise pas l'accès à la députation attendu qu'ayant pour mission de chanter les exploits des héros qui, le plus souvent, ne furent que les instruments de la tyrannie, ils ne peuvent faire descendre leur génie poétique à la glorification de la démocratie qui, si elle a ses grandeurs pour le peuple, n'aura que de la banalité pour le poète.

Au surplus, y a-t-il rien de moins poétique que la politique ? N'est-ce pas là du terre-à-terre, tandis que le poète ne doit vivre que dans le ciel, ou, pour le moins, dans les nuages ?

Pour faire de la politique — de la bonne politique, s'entend — il faut de la sincérité ; et ne peuvent être sincères — toujours en politique — ceux dont le métier est de célébrer les héros de l'ancienne école et non de se rabattre sur la nouvelle qu'est la démocratie, où tous les citoyens doivent être égaux en mérite, sinon en réputation. Et la démocratie, loin de faire porter l'esprit du poète dans les nuages, dans l'illusion, le ferait plutôt descendre à ce qui se passe sous ses pieds, c'est-à-dire la réalité : ce qui n'est pas poétique du tout !

Ainsi donc, grave danger de part et d'autre, pour une démocratie qui doit ignorer — ce que d'aucuns prétendent — qu'en politique à la probité il faut opposer la fourberie ; à l'honnêteté, la perfidie ; à la justice, le servilisme ; à la bonne foi, le mensonge !

« A chacun son métier, et les vaches seront bien gardées », dit un de nos vieux proverbes : à l'avocat laissons le soin de plaider le faux pour te garder dans le vrai, comme au charlatan de surprendre dans leur bonne foi les *gogos* qui l'écoutent ; de même au médecin de tuer ses malades pour savoir de quoi ils sont morts, comme aux marchands d'insecticides, pour engraisser les cancrelats. Et, pour la politique, à tous ceux dont la profession est de déguiser la vérité, préférons le rustre qui viendra carrément nous dire : « un chat, c'est un chat ! »

Après avoir renvoyé l'orateur au forum, le poète

au Parnasse, le médecin à ses malades, le charlatan à tout le monde, renvoie l'avocat au palais, le professeur à sa chaire, l'académicien à l'Institut, et choisis tes députés parmi ceux qui représentent les sources vives de l'existence *matérielle* du peuple qui s'appellent l'agriculture, le commerce, l'industrie, parce que l'existence matérielle entraîne inévitablement l'existence *morale*. Et si à l'existence morale appartiennent ceux que je viens de nommer, à l'existence matérielle appartiennent les parlements formés de ceux qui la représentent directement. — Voilà pour *l'intérieur*.

A ceux que la vocation a portés aux choses de l'intelligence et à la culture de l'esprit, de faire l'apprentissage de la diplomatie pour faire des diplomates. — Voilà pour *l'extérieur*.

— Garde-toi aussi de te laisser séduire par le prestige que certains hommes ont le talent d'exercer sur les masses ; parce que les choses, vues de près, souvent, s'éloignent de ce que l'on croyait avoir aperçu de loin ; et que tels ne furent les auxiliaires d'un principe, que pour en devenir le lendemain les plus terribles adversaires, suivant l'impulsion de leurs intérêts, et changer en mépris et en ressentiments l'estime dont on croyait pouvoir les gratifier.

— C'est pourquoi je t'engage aussi à ne pas trop te presser de t'exalter des exploits des héros, qui ne furent tout simplement que ce que doit être, à l'occasion, tout citoyen aimant sa patrie, la célébrité s'acquérant, le plus souvent, par la destinée qui vous

a porté vers une carrière plutôt que vers une autre,
et où quiconque eût pu faire tout aussi bien que vous
tout en ne faisant simplement que son devoir.

— Dégage-toi donc de toutes les influences, et ne
t'inspire que de ton cœur et de ta raison !

Si je pouvais ne m'être pas fait illusion sur la
croyance qu'en exprimant les sentiments de mon
âme républicaine je ne fais qu'exprimer les mêmes sentiments qu'éprouve la tienne, je te crierais : — Fais
comme je te l'ai dit !... Et d'un seul coup tu réalises
le gouvernement qui fut l'objet de nos rêves, celui
après lequel nous avons si longtemps soupiré, sans
qu'il nous reste seulement l'illusion d'un avenir qui
pourrait nous l'assurer.

En procédant comme je te l'indique, tu t'affranchis
de tous les trompe-l'œil, et te garantis de toutes les
désagrégations d'un peuple abusé.

Tu t'évites de passer partout où nous sommes pas-
sés : tantôt par l'opportunisme, tantôt par le radicalisme, et enfin par le socialisme à plusieurs têtes, et le
gâchisme à trente-six queues.

Tu t'affranchiras de tout ce que nous n'avons pu
éviter ; et Dieu sait si d'autres eussent eu la patience
et la bonne volonté que nous avons mises au service
de nos illusions : opportunistes, radicaux, nous avons
été, lorsque nous pensions que ce que l'on nous faisait croire était utile à notre cause, et que ceux qui
nous le faisaient croire étaient d'honnêtes gens. Anticléricaux nous étions, dans le sens qu'on nous l'indi-
quait, lorsque nous comprenions autre chose qu'une

religion sacrifiée à une politique malsaine qui, au nom de la liberté de conscience, n'était que l'apport du trouble et du bouleversement des consciences !

Et, enfin, socialistes, nous sommes, à la condition que le socialisme, à son tour, ne soit exploité au bénéfice d'ambitions désordonnées qui le compromettent, nous mettant dans la nécessité de nous prémunir contre des hommes qui ne nous ont donné que trop de preuves de leurs forfaitures, et nous obligent, par leurs actes, d'épier tous leurs mouvements en prévision des élections prochaines où ils vont se préparer à nous tromper encore !

Et, ne commence-t-on donc pas déjà à voir s'agiter un ancien parti qui s'appelait *républicain radical*, à l'effet d'ajouter à ce titre celui de socialiste, ce qui, dorénavant, lui ferait porter celui de *radical socialiste?*

— Et pourquoi cette adjonction ? — Si ces radicaux ne se déclarent socialistes que d'aujourd'hui, ils ne l'étaient donc pas hier ?

— Or comme il ne peut y avoir de république sans socialisme, puisque l'un veut dire l'autre, ces traîtres n'étaient donc pas républicains ?

— C'est ce que nous aurions dû penser depuis longtemps, en présence du mal qu'ils nous ont fait, nous promettant le progrès dont, depuis plus de trente ans, ils n'ont pu trouver la substance !

— Et aujourd'hui ils se présentent avec une nouvelle étiquette tout en proclamant l'immutabilité de leur système ? Quelle audace !...

Mais ceci ne regarde que nous-mêmes, et revenons à ce qui t'intéresse :

Ainsi donc, disions-nous, il peut t'être donné d'avoir la république du peuple entier, au lieu de la république de quelques-uns qui n'a d'autre différence avec une monarchie absolue que si, dans cette dernière, il existe une responsabilité remontant au monarque, dans notre république cette responsabilité n'existe nulle part, et, qu'en place du roi, nous n'avons que des vice-rois qui, comme au théâtre, se tiennent dans la coulisse, pour faire marcher automatiquement des ministres dont la responsabilité est scandaleusement illusoire et exempte de tout contrôle, joignant avec cela, le droit de paix et de guerre soumis à leur entière discrétion et à la décision de chambres dont ils achètent la complicité de leurs mensonges et de leur corruption, écartant le peuple qui n'est rien, pour les laisser agir, eux, ministres *irresponsables*, qui sont tout, leur donnant ainsi toute faculté de mener à leur gré le pays aux abîmes sans que celui-ci ait seulement la faculté de se récrier sur l'usage que l'on fait des droits qu'on lui a enlevés.

— D'après cet exposé, conviendras-tu, avec moi, que des patriotes, garrottés de la sorte, puissent souffrir de toutes les peines de leur âme ? — Conviendras-tu que, pour éviter de passer à travers toutes ces épreuves, il faille n'être jamais trop prudent dans la voie que l'on se propose de suivre, et aussi trop méfiant à l'égard de ceux qui se posent en matamores des réformes sociales et institutions d'État.

— Sur ce, je te laisse, pour retourner en France, combattre une autre bête qu'on appelle le *collectivisme*, seconde ou troisième tête d'un *socialisme* qui, dans la république, il faut l'espérer, ne sera pas charcuté comme le nôtre, parce que ta république sera le gouvernement de tout un peuple et que la nôtre n'est que le gouvernement d'une poignée d'intrigants, la pire de toutes les oligarchies !

———

Après avoir montré les effets contraires à ceux auxquels auraient pu s'attendre les socialistes trop confiants sur l'esprit du paysan à propos du socialisme proprement dit, je ne crois pas inutile de faire diversion, un instant, au socialisme national, pour me reporter au fait qui s'est dégagé de la dernière réunion du congrès international tenu à Paris, le 23 septembre 1900, dans le but d'organiser « l'action internationaliste dans l'intérêt du prolétariat de tous les pays ».

De cette lutte qui dure depuis si longtemps, les républicains de la première heure, qui se sont tenus en dehors des partis dissidents, et des combats qu'ils se livrent entre eux, ont pu voir tout ce qu'il y avait d'inanité dans les propositions des délégués, au sujet d'un socialisme international.

Tout d'abord, je me demande quel besoin nous avons de tendre la main à l'étranger qui, loin d'avoir quelque chose de bon à nous offrir en tant que rapports profitables au prolétariat français, se trouve dans des conditions à avoir plutôt besoin de nous, de nous qui possédons toutes les ressources qu'assure un gouvernement démocratique, en même temps qu'ils déclarent que dans leur pays le règne du socialisme n'est possible que tout autant que le régime du suffrage universel y sera établi.

Qu'avons-nous donc à compter avec eux ! Avons nous à les aider à fomenter la révolution dans leur pays pour arriver à leur but ? En récompense, le grand leader du socialisme, Liebneckt, ne nous avertit-il pas, jadis, que, malgré son socialisme international, si la Prusse demandait des subsides pour s'armer à nouveau contre la France, il n'hésiterait pas un instant à les voter, se complaisant à sous-entendre qu'il ne lui déplairait pas de voir à nouveau notre pays, « berceau de la révolution, de l'affranchissement de tous les peuples », dont ce grand socialiste s'érige en apôtre, envahi par son puissant Empereur qui, animé de son ardent socialisme, ne viendrait pas seulement pour l'encourager, mais même l'imposer, en vertu du précepte à la Bismarck : « La force prime le droit. »

Que viennent-ils donc nous tracasser de leur internationalisme qui nous serait si profitable !

Il nous serait si profitable que ce congrès de Paris, au lieu de faire ressortir la supériorité du socialisme français sur les anciens partis, lui a plutôt ôté les qualités prépondérantes qu'il semblait avoir sur eux, en ce sens qu'il l'a fait, par ses incohérences, l'agent de ces tressaillements qui troublent l'esprit public, et font craindre, à chaque instant, un cataclysme, un discrédit, un effondrement même de la république, mettant le comble à l'inquiétude et à l'exaspération du paysan, et ne produisant que désorganisation des esprits chez l'habitant des villes, et enfin provoquant le gâchis né de toutes espèces de contradictions.

Chose bien singulière et incompréhensible ! *Nos internationalistes combattent le nationalisme dans leur pays, et le soutiennent pour les pays étrangers*, en voulant aider les étrangers à conquérir le régime du suffrage universel, sous lequel, seul, on peut appliquer les doctrines socialistes, ne se rappelant pas, d'une part, ce que nous avons gagné en Italie en voulant refaire une nationalité à ce pays, et se représenter, d'autre part, ce que nous gagnerions en Allemagne, où le grand chef socialiste déclarait qu'il accepterait bien qu'on l'aidât à établir le suffrage universel dans son pays, mais, qu'en attendant, à son tour, il aiderait bien son maître à s'emparer de la France pour lui ravir sa nationalité faite de suffrage universel.

Où est la logique dans tout cela ?

Du reste, n'est-il pas inné chez les peuples, à quelque gouvernement qu'ils appartiennent, de tout oublier de ce que l'on aura fait, ou eu intention de faire à leur égard, pour épouser les querelles de ce gouvernement qui les aura leurrés de patriotisme et exaltés au seul nom de patrie, malgré que, souvent, ils fassent peser sur eux, du poids le plus lourd, le joug de la tyrannie? — Témoin ce peuple italien, se laissant entraîner par un Crispi, second Bismarck, dont il jalousait les lauriers, et se ruant sur la France qui l'avait affranchi de l'occupation autrichienne !

Il est bien acquis que nous n'avons rien à gagner aux leçons qui nous viennent des étrangers et que les étrangers ont tout à gagner avec nous : ils ont besoin que nous leur fassions une nationalité, si, par nationalité, on entend le règne du suffrage universel comme ils le prétendent eux-mêmes.

En effet, ces délégués de nationalités étrangères, en nous apportant les lumières de leur haute expérience acquise dans le silence du cabinet, que nous offrent-ils de si encourageant à l'égard de l'établissement du collectivisme en France? — Vous allez voir :

Ils commencent, d'abord, par discutailler sur l'opportunité ou l'inopportunité du concours d'un ministre socialiste dans un cabinet bourgeois et du bien ou du mal que sa présence pouvait y faire (absolument comme si le président du conseil des ministres avait dû les consulter sur la marche qu'il entendait donner à sa politique de « défense républicaine »,

— Celui-ci voyait qu'il lui était utile d'avoir ce soi-disant socialiste comme collaborateur. Il lui a dit : — Viens, la place est bonne !... — Oui, lui a répondu le socialiste, mais mon programme de Saint-Mandé?... — C'est bien à cause de ce programme que je t'appelle pour qu'on ne puisse pas ainsi me suspecter d'anti-socialisme lorsque je fais appel à l'auteur du programme de Saint-Mandé. C'est sous ta bannière, que j'aurai faite mienne, que s'enrôleront ceux que l'on appellera les anarchistes de gouvernement : Peu importe la dénomination ! Ils nous aideront à combattre les nationalistes et aplaniront les voies dans lesquelles, depuis longtemps, je désire me lancer, à savoir, l'intronisation d'un Napoléon quelconque, qui, en récompense, nous assurera des ministères un peu moins éphémères que ceux que la république ne nous défère que pour deux jours ! La reconnaissance du Napoléon de 51 envers les transfuges de la république, ne nous en est-elle pas un sûr garant ?

Et le socialiste lui a répondu : — Ça va !... je saurai bien me débrouiller avec mes coreligionnaires. Je leur promettrai leur collectivisme pour dans deux mille ans ! J'espère que je serai soutenu par les gros du parti — qui auront, eux aussi, leur part de curée — pour faire patienter les gogos. »

En fin de compte, passant l'éponge sur cet incident par la déclaration d'un de ses délégués qui dit que « le peuple est descendu dans la rue pour applaudir et défendre cet acte révolutionnaire », le congrès passe à un autre genre d'exercices.

— Conformément aux décisions des congrès antérieurs il décide la limitation de la journée de travail.

— (Ceci est très bien ; et partout où l'on peut appliquer cette mesure, c'est un devoir à accomplir, parce que c'est le moyen de donner du travail au plus grand nombre.)

— « Que le minimum du salaire, partout où il

pourra s'établir, soit fixé à un taux en rapport avec les nécessités de l'existence envisagée de la façon la plus large. » — (Rien ne saurait être plus chaudement applaudi !)

Mais ne va-t-il pas un peu loin lorsqu'il « recommande en première ligne, pour obtenir ce résultat, la *pression* sur les pouvoirs et administrations publics qui peuvent établir le minimum de salaire, soit en le payant directement pour les travaux publics, soit en l'*imposant* aux adjudicataires des travaux. » — (Par la suite nous pourrons bien l'*obtenir*, je l'espère ; mais pour l'*imposer*, quant à présent, nous n'y pouvons compter. — Que les étrangers essaient de le faire chez eux !...)

— « Qu'il soit procédé à l'organisation de la classe ouvrière en *groupes politiques*, syndicats, coopératives, caisses de secours, cercles d'art et d'éducation, etc. ; et engage les militants socialistes à combiner le plus possible ces moyens de lutte et d'éducation, qui augmentent la force de la classe ouvrière et la rendent capable *d'exproprier politiquement et économiquement la bourgeoisie* et de socialiser les moyens de production. »

— « C'est scandaleux d'aboutir à de telles insignifiances sur une question aussi grave !», s'écrie un délégué.

— « Les coopératives ne sont qu'un moyen de lutte, de recrutement, d'éducation ouvrière, mais ne peuvent être un moyen d'expropriation capitaliste », répond un autre délégué. « Quant aux coopératives de production, c'est une duperie », ajoute-t-il.

Quel accord !

Mais poursuivons :

Après avoir fait « acclamer » des résolutions se rapportant à l'expansion coloniale, au militarisme, à la condition des marins, à l'exercice du suffrage universel unique et secret (choses excellentes en soi), on en arrive sur cette dernière question : le suffrage universel, à vouloir étendre le droit de vote à la femme.

— Oh ! non, par exemple ! pour cela je ne saurais jamais trop me récrier ! — Que la femme se fasse médecin, en certaines circonstances ce serait plutôt son rôle que celui d'un homme, eu égard à la pudeur, de soigner ses congénères dans leurs maladies. — Qu'elle se fasse avocat, pour plaider les droits de la femme dans la société qui les fait passer un peu trop au second plan, surtout celles de la classe ouvrière ; qu'elle plaide pour la veuve et l'orphelin, je le prends pour très équitable. — S'il était possible qu'elle pût se faire confesseur, je crois qu'il ne lui en serait pas moins convenable d'en connaître des faiblesses des autres femmes, et pour les mêmes raisons de pudeur.

Mais que sous le prétexte que « sur le terrain de la politique socialiste la femme et l'homme ont des droits égaux », elle ait droit au suffrage universel pour se lancer dans la politique, oh ! non !

— Mais, malheureux, vous n'y songez pas ? Vous

voudriez donc mettre l'enfer dans le ménage, la guerre civile au foyer ? Si c'est uniquement pour avoir la paix dans le ménage que les époux se mettraient d'accord pour l'élection du même candidat, à quoi servirait ce double vote ? Ce serait, en tout cas, un vote d'influence ; ce qui voudrait dire suppression de liberté d'opinion.

Mais si, par contre, ils ne voulaient pas se rendre l'un à l'autre, pour l'option de ce même candidat !... Hé bien !... Le divorce alors ?...

Et quel charivari dans les réunions électorales, où n'auraient garde de se rendre les femmes vertueuses, mais, en place, les ribaudes et les filles de joie qui s'empresseraient de chauffer l'élection du candidat pris parmi les plus beaux garçons, qui, dans leur estime, ne sauraient faire que de la bonne politique, en raison de la séduction de leurs attraits !

Et croyez bien que l'on ne serait pas embarrassé pour former des comités électoraux féminins pour les patronner ! Heureux mortels ! pourrait-on dire.

Il n'en serait peut-être pas ainsi dans d'autres pays, mais en France !...

— De grâce, Messieurs, épargnez-nous cette calamité, n'introduisez pas la politique au foyer ; nous n'avons que trop d'en faire nous-mêmes ! Laissez à la femme son rôle d'ange de la famille. Laissez-lui élever ses enfants dans de tous autres principes que ceux qui causent nos discordes politiques, et divisent déjà bien assez les hommes !

Et n'empêchez pas nos filles qui ne seraient que

simplement républicaines de se marier avec des garçons professant indistinctement le socialisme nationaliste ou internationaliste, voire le socialisme fréné-
tiquement révolutionnaire !

— Nous vous en supplions, grâce pour elles ! grâce
pour nous !

———

Après avoir fourni mes impressions sur ce qui
s'était passé dans ce congrès, je me reporterai maintenant à un discours prononcé, antérieurement, par
le délégué des socialistes belges à ce congrès, dans
une conférence publique organisée par le Groupe des
étudiants collectivistes de Paris, le 6 mars 1900, à
l'Hôtel des sociétés savantes, et publié en une brochure que j'ai dans les mains.

Négligeant de m'arrêter sur les considérations
politiques et philosophiques, qui, du reste, sont de
fort bon aloi, je ne relèverai de ce discours que ce
qui pourrait servir à l'édification de ceux qui n'ont
pas épousé le collectivisme sous la condition de ne
pas écouter ses détracteurs.

Je passerai même, en courant, sur la question du
droit de propriété qu'il soulève, et à propos de laquelle
il dit que la propriété, ou pour le moins le rapport
intégral de la propriété devrait appartenir à celui qui
la travaille, sans qu'il ait à faire une redevance à celui
qui ne la travaille pas.

— Rien de plus juste, en effet, et, en vertu du droit à
l'existence, chacun devrait pouvoir vivre de son tra-

vail sans avoir à compter avec tout ce qui lui est étranger.

Mais, en attendant que nous soyons tous propriétaires, comme on nous le promet pour dans deux mille ans, sans collectiver la propriété, un gouvernement bon père de famille pourrait aviser à ce que l'agriculteur-né serait affranchi de cette redevance en expropriant ceux qui ne cultivent pas leurs terrains propres à la culture, pour les lui faire exploiter, ces terrains devenant ainsi propriété de l'Etat. Et si même cet agriculteur était déjà propriétaire d'un champ dont l'étendue serait insuffisante pour le faire vivre, de pourvoir à cette insuffisance par un agrandissement de son domaine.

Et maintenant, en attendant ce gouvernement bon père de famille, suivons l'orateur dans ses développements, et arrêtons-nous un instant sur un exemple qu'il nous donne d'une boulangerie coopérative de Bruxelles qui fonctionne, paraît-il, à la satisfaction complète de ses édificateurs et à celle, aussi, des ouvriers qui y sont occupés.

« Si, dit-il, vous voulez vous faire une idée de l'initiative qui se développerait dans la société collectiviste, allez dans une de ces grandes sociétés coopératives, que l'on peut considérer comme l'embryon d'une société meilleure — à la boulangerie de la maison du Peuple, de Bruxelles, ou au Vooruit de Gand, par exemple — vous y verrez des ouvriers qui travaillent sans garde-chiourme, sans contremaître qui les surveille, sans patron qui les exploite.

« Mais ces ouvriers travaillent pour l'œuvre commune. Ils sont largement payés ; ils n'ont que huit heures par jour à besogner ; et ils besognent de tout cœur ; et s'ils chantent par moments, ce n'est plus la molle chanson, ce n'est plus la fade romance du peintre en bâtiments, c'est la chanson révolutionnaire, c'est l'hymne de joie et de délivrance des hommes libres qui, ayant déjà réalisé un fragment de la révolution sociale, se livrent tout entiers à la pensée, à la préoccupation dominante, de la réaliser également pour les autres travailleurs, pour la grande masse du prolétariat. »

— Comment, il y aurait une boulangerie coopérative qui fonctionnerait sans garde-chiourme, sans contre-maître qui surveille les ouvriers, sans patron qui les exploite ? Mais alors pourquoi dit-on plus loin, qu'en outre du directeur principal, on aurait des directeurs du travail « fonctionnaires », faisant conséquemment office de patron, de contre-maître (je ne dis pas de *garde-chiourme)* Que l'on remarque bien que c'est tout un, et que le fonctionnarisme est si cordialement détesté en France que, dans les ateliers, ce n'est pas, la plupart du temps, au patron que l'on s'en prend lorsque surgit une difficulté quelconque, mais au contre-maître qui est le fonctionnaire du patron.

En ce qui a trait à la joie et à l'enthousiasme des ouvriers de cette coopérative qui les conduit à chanter avec allégresse des chants patriotiques, tandis que ceux qui ne sont pas en collectivité ne savent que chanter des airs monotones en raison du travail auquel ils mettent une lenteur remarquable, comme, par exemple, les peintres en bâtiment; je ne mets pas en doute que l'ouvrier travaillant à la journée, dans les ateliers libres, n'ait aucun stimulant pour le pousser à en faire plus que pour la journée qui lui est payée; mais, sous le régime de la collectivité, serait-ce pour l'ouvrier actif un stimulant que d'avoir à ses côtés des ouvriers indolents et paresseux?

Mais encore, ajouter que les ouvriers de cette boulangerie chantent avec allégresse la délivrance du prolétariat, n'est-ce pas anticiper un peu sur leurs sentiments de confraternité?

— Je voudrais bien, hélas! partager cet optimisme; mais je suis plutôt enclin à croire que c'est bien moins animés de l'esprit de la solidarité, que de la satisfaction qu'ils éprouvent de gagner leur vie sans se préoccuper de ce que d'autres n'ont pas de pain à manger!

Et, à cette réflexion, j'ajouterai que si le droit de chanter en travaillant leur est donné, il est très probable qu'ils ne jouiraient pas de cette faveur dans les ateliers français, où le patron ne le permettrait pas sous prétexte que lorsque l'on chante on ne travaille pas, fût-ce même des refrains patriotiques, malgré qu'il ait lui-même des raisons majeures pour être aussi patriote que ses ouvriers.

Après cela, continuons à suivre l'orateur, et arrêtons-nous un instant sur ce qu'il nous dit à propos des émoluments attribués aux « directeurs-gérants, aux ingénieurs des grandes exploitations comme, par exemple, les charbonnages ». Il nous dit que ces émoluments portent sur des cinquante mille, cent mille francs par an, et qu'il ne voyait pas d'inconvénient à ce que les entreprises publiques rétribuassent au même taux que les entreprises privées.

— Je crois qu'il est dans une profonde erreur !

Dans les entreprises privées les appointements sont fixés par un conseil d'administration, en raison des services rendus par ceux à qui ils sont octroyés, ce conseil n'ayant à consulter à cet effet ni la société lorsqu'elle est anonyme, — et parce qu'elle est anonyme — ni le patron, dont le consentement lui est acquis d'avance, et par contrat, lorsque l'exploitation est à nom déclaré.

Mais, en serait-il de même sous le régime de la collectivité, et ne serait-il pas à craindre que les ouvriers de toute catégorie, en qualité d'intéressés dans l'exploitation, ne souffrissent jamais qu'un individu, quels que soient ses mérites, pût gagner des cent mille francs ?

Et que deviendraient ces fonctionnaires si on leur ôtait l'avantage de pouvoir offrir leurs services à une autre exploitation dans le cas de non-entente avec celle à laquelle ils appartiennent, s'ils n'avaient d'autre ressource que de rentrer dans la collectivité qui ferait opposition à leurs prétentions ?

Ils n'auraient plus qu'à se soumettre à la loi de l'humanité en échange des bénéfices antérieurs.

Je ne sais si ce sera un stimulant à la pour-

suite d'études consistant en un travail tellement âpre,
tellement ardu, assumant de si grandes responsabilités, qu'il n'en est pas moins que le sacrifice d'une
existence entière ; et je crains fort que tous ne soient
pas du tempérament des hommes, dont on nous cite
l'exemple, « qui poussent le désintéressement en fa-
« veur de la belle œuvre à accomplir jusqu'à s'em-
« ployer, au prix du simple salaire de l'ouvrier, à
« faire réussir des entreprises coopératives à un degré
« de vraie splendeur ! »

Appuyant sur la possibilité de rencontrer ces dé-
sintéressements surnaturels, l'orateur croit pouvoir
assimiler l'armée à la corporation ouvrière, leur
faisant partager à égale somme l'abnégation, le courage, l'ardeur et l'héroïsme en faveur du bien de tous,
fruit de la solidarité.

Ecoutez-le :

« .... On dit à des centaines d'officiers et de généraux : Partez pour l'Afrique du Sud ; il s'agit de
l'Angleterre, de la plus grande Angleterre, du drapeau
de la Patrie ; faites-vous tuer pour ce drapeau... Et ils
n'hésitent pas ; ils font le sacrifice de leur vie, ils se
font tuer... Et l'on viendra dire que le sacrifice qu'on
obtient de ces hommes, pour des œuvres de mort,
on ne pourrait pas l'obtenir pour des œuvres de vie ?...
Comment, les sociétés actuelles, avec leur moralité
inférieure, obtiennent que des milliers et des milliers
d'hommes donnent leur vie, lorsqu'il s'agit d'envoyer
du plomb à leurs semblables ; et l'on calomnie à ce
point notre pauvre humanité qu'on soutient que,

dans une société collectiviste, on ne trouverait pas d'hommes qui donneraient leur vie pour fournir du pain à ceux qui en ont besoin ! »

— Non ! Dans « les sociétés actuelles avec leur moralité inférieure » on trouvera des hommes prêts à se faire tuer pour se combattre et non pour s'aider à vivre — Très certainement non, on n'en trouvera pas ! Il peut cependant s'en trouver encore en Belgique ; mais en France depuis qu'un député, pour la cause du peuple, fit voir comment on savait se faire tuer pour vingt-cinq francs par jour, il n'y en a plus !

— Non, il n'en reste plus ! Il ne reste plus que ces grands docteurs du collectivisme, blackboulés du suffrage universel, qui, n'ayant plus ces vingt-cinq francs par jour du député de 1848, réclament un équivalent des fonctions de directeurs des centres collectivistes devant, pour le moins, rapporter les mêmes bénéfices...

Et c'est parce que ces sociétés sont de moralité inférieure qu'elles encouragent ces hommes à se faire tuer pour leur décerner la gloire d'avoir vaincu l'ennemi en lui tuant le plus grand nombre d'humains (l'ennemi dans l'humanité ! ô ironie !) et se garderont d'encourager ces mêmes hommes — d'ailleurs, je le répète, on n'en trouverait pas — à se faire tuer pour donner du pain à ceux qui n'en ont pas !

D'ailleurs, en vrai internationaliste, comment arrangeriez-vous cela : les Allemands et les Français, en 1870, s'offrant réciproquement du pain après s'être réciproquement tués : le fait ne serait pas ordinaire !

Et n'est-il pas superflu de dire que si cet encouragement est donné aux chefs pour acquérir de la gloire, en faisant leur métier, le simple soldat ne tue que pour n'être pas tué lui-même ?

Et serait-il besoin de vous faire remarquer — pour vous montrer la force du dévouement — qu'au lieu d'être engagé pour toute sa vie, ou, tout au moins, pour tout le temps qu'il aura de forces à consacrer au travail, le soldat sait qu'il n'est engagé dans l'armée que pour un temps limité auquel pendant vingt ans il a eu tout loisir de se préparer à cette condition, après lequel temps révolu, on lui donne la clef des champs ?

N'est-il pas averti, aussi, qu'il doit être soumis à une discipline de fer qui, pour une insignifiante infraction au code militaire, le punit de peines excessives, précisément en raison du temps restreint qu'il a à passer sous les drapeaux ; qu'un simple manquement à un supérieur, par exemple, entraîne parfois la peine de mort ?

Et en raison de l'assimilation que vous invoquez, fusillerez-vous l'ouvrier qui aurait manqué à un directeur du travail, son supérieur ?

Est-ce qu'à aucun point de vue on peut assimiler la condition de l'ouvrier à celle du militaire ? Quelle aberration !

Mais continuons jusqu'à ce que nous arrivions à l'apothéose !

« C'est vraiment un spectacle étrange, dit-il, que de voir les tenants du régime capitaliste dire que le collectivisme serait la barbarie, la mort de l'art et de la beauté. »

— Oui, ils pensent vrai s'ils comprennent par collectivisme, le collectivisme d'Etat qui serait, malgré qu'il en dise, une atteinte portée à l'indépendance de l'ouvrier, et, par répercussion, atteinte à la sécurité de l'Etat lui-même.

Mais ils ne pensent pas juste si le collectivisme sait se rendre indépendant de toute ingérence de l'Etat dans ce qui ne regarde que lui-même, et ne se porter que sur des industries qui, suivant les circonstances, rendraient son application nécessaire, indispensable à la bonne marche, obligatoire même, lorsqu'il s'agirait de l'opposer à de la mauvaise foi de certains de leurs chefs.

Et enfin, l'orateur répondant à l'opinion clamée par ces « tenants du régime capitaliste » sur les effets du collectivisme, s'écrie : « Quelles sont donc vos œuvres ? et qu'avez-vous donc produit en ce siècle ? Quelles sont les fleurs de poésie que le socialisme viendrait flétrir ? Quelles sont les œuvres de beauté que le régime bourgeois a fait naître ?... Peut-être les « chants du soldat » de M. Déroulède ? les peintures de M. Cabanel, ou bien les poésies de M. François Coppée ? »

— Oh ! halte là ! un peu plus de loyalisme, s'il vous plaît !

Exaltez sur tous les tons la supériorité du collec-

tivisme sur le capitalisme, soit : ce sont questions de
tous pays. Si même vous croyez devoir dire que si
en France l'état républicain n'a pas enfanté le grand
art, l'internationalisme y pourvoira, c'est votre droit :
Il y a partout des esprits prédisposés à la célébrité,
sans que vous ayiez, cependant, à chercher d'en trop
exclure la France !... — Mais dites ces choses placé
à distance respectable, que diable !

C'est le moins que vous dussiez faire de ne pas venir
appréhender les gens dans leur maison !

— Et leur maison c'est la France !

— Et ils sont Français !

Et si étroit, qu'à votre point de vue, soit leur génie,
la France les honore parce qu'ils font honneur à la
France ! Et les Français les acclament ; les Français
patriotes, veux-je dire. Les Français qui ne leur font
pas une faute d'être trop patriotes pour n'être pas
assez internationalistes !

— Et aussi grande que soit votre conviction, ce
n'est pas une raison pour que vous attaquiez des
hommes à qui il n'est probablement pas venu, un seul
instant, à l'idée de combattre vos doctrines, s'en
tenant au socialisme, proprement dit, sans le mettre
à la discrétion de l'État — les membres actuels du
parlement, par leurs actes et leurs procédés, ne nous
donnant pas, d'ailleurs, toutes les garanties et les
espérances nécessaires à cet égard — et, encore
moins, sans en faire une question d'internationalisme,
trouvant que, pour commencer, nous avions déjà
assez à faire chez nous...

— Si j'ai à exprimer le regret de n'avoir pu m'empêcher de reprendre l'orateur sur le ton hautain avec
lequel il traite des Français pris parmi les meilleurs,
je me ferai un devoir de déclarer combien je le vois
s'élever et grandir, dans sa glorification du socialisme lorsqu'il dit : « ... Et ne sentez-vous pas que
le socialisme qui n'est pas seulement une doctrine
économique, mais encore et surtout une grande religion, produira la même efflorescence de beauté que
les autres religions qui ont successivement exercé le
gouvernement moral du monde ?... »

— Oui, le socialisme est la substance de la plus
haute morale qui puisse s'étendre sur le monde,
parce qu'elle est l'expression de la fraternité des
peuples, et qu'elle est la religion que le Christ vint
prêcher sur la terre en disant : « Aimez-vous les uns
les autres ! », parole qui résume toute la somme des
devoirs que cette fraternité nous impose.

Mes commentaires sur le discours prononcé à
l'Hôtel des sociétés savantes ayant trait aux bienfaits
du collectivisme international étant le produit de tout
ce que mon esprit aurait pu concevoir à son égard,
c'est ici l'occasion de quitter un instant l'étranger
pour rentrer en France, venir dire aux socialistes
français qui sincèrement croient que le collectivisme
est absolument la seule condition affirmative du
socialisme ! — « Voyons et causons !

— Avec toute la déférence due à leur bonne foi je

me permettrai de leur faire remarquer combien ils sont dans l'erreur, d'abord en leur démontrant l'impossibilité matérielle d'établir un collectivisme universel, c'est-à-dire à faire du collectivisme une institution d'Etat, et ensuite leur montrer les cas multiples où il aurait à s'exercer et subvenir aux besoins de la démocratie française sans rien abandonner des prérogatives qui constituent son élément.

Impossibilité matérielle en ce sens que, forcément, par leur nature, bien des industries échapperaient à la collectivité.

Or si vous ne pouvez collectiver toutes les industries, il n'y a « *rien de fait* ». A moins que vous ne les solidarisiez — du coup vous entrez en plein dans le *communisme*. — Je ne crois pas que telles soient vos tendances ! Et ce n'est pas de vous que nous l'attendons... mais... des autres...

Je ne m'arrêterai pas sur celles dont, en consultant la liste des industries et professions exercées à Paris et dans les départements, il est facile de se faire une idée convaincante, me contentant d'en signaler une, pour laquelle j'ai largement payé pour en connaître.

Je veux parler de l'industrie ostréicole qui, aujourd'hui, fournit à l'alimentation un produit qui y entre dans une proportion très appréciable.

Pour se rendre compte des opérations qu'elle nécessite il n'y a qu'à se transporter dans un quartier maritime où elle s'exerce : On y verra que si, à un moment, on pourrait estimer à une valeur de cent mille francs les produits existants d'une concession,

on pourra constater, le lendemain, que tout aura été
enlevé par une tempête.

On pourra aussi se rendre compte que le mollusque,
suivant les parages favorables à son développement,
rapportera à son exploitateur dans un an, ce qu'il ne
rapportera à un autre, moins favorisé, que dans trois
ans ; sans comprendre la déperdition et le déchet,
éprouvés pendant les deux dernières années, et de
nombreux cas, dont je ne pourrais que citer la dixième
partie, qui viennent s'ajouter à ces déconvenues.

Si encore à toutes les difficultés et toutes les péripéties inhérentes au métier, ne venaient pas s'ajouter
les catastrophes ! Mais ils sont si fréquents les cas
de disparition de ces pauvres travailleurs par une fin
tragique, qui, après elle, entraîne la misère vers le
foyer dont le chef n'est plus !

Et, enfin demandez quel est le nombre de ceux qui
se sont enrichis, parmi les cinquante ou soixante
mille de ces travailleurs !... Il serait moins difficile de
citer ceux qui y ont englouti leur fortune.

— On a bien évoqué, au congrès international, une
réglementation relative au travailleur maritime, au
marin embarqué, ainsi qu'au pêcheur de la grande
pêche organisée ; mais il ne fut pas parlé de la pêche
à la petite barque ! — Le bateau qui sortira devra-
t-il rapporter à celui qui ne sortira pas ?

Dans ce même congrès, on proclame la nécessité
de « fixer la durée du travail journalier pour les travailleurs de tout pays et de toute industrie ».

Mais comment s'y prendra-t-on pour l'industrie de

la petite pêche, comme pour celle que je viens de signaler, pour lesquelles il n'y a d'heure ni de jour ni de nuit ?

Voilà pour la partie matérielle. Passons au fait moral.

Pour cela, faut-il que nous nous rendions d'abord compte du caractère et des dispositions généralesde l'ouvrier français.

L'ouvrier français, pris dans son ensemble, se différencie de l'ouvrier étranger par son caractère indépendant, et exempt de toute passivité, qui le porte plus loin que sa situation du moment (1). En dehors de tous les soins qu'il apporte à son travail, son cerveau est hanté par le mirage d'une situation meilleure qui, loin de le servir, souvent lui est bien préjudiciable. C'est que malgré son caractère indépendant il se laisse facilement conduire par ceux dont l'intérêt particulier est de l'entreprendre et lui faire croire à la réalisation de son rêve.

Plein de bonne foi, il s'en rapporte à la bonne foi de tout le monde.

Mais lorsqu'il s'aperçoit qu'il a été trompé, il ne connaît alors plus de borne à sa fureur ! Autant il

(1) Les divers orateurs du congrès international n'ayant pas cru devoir tenir compte des dispositions de l'ouvrier et de son tempérament suivant le pays auquel il appartient, j'ai cru devoir combler cette lacune, jugeant que c'était là le plus puissant facteur à l'établissement et au fonctionnement du système collectiviste, et montrer que s'il avait quelque chance de succès ce ne serait sûrement pas en France.

était accessible à ceux qui l'entraînèrent, autant il est terrible pour eux, lorsqu'il les a vus abuser de sa confiance.

A la douleur momentanée qu'il en éprouve succède la colère, la rage, car sa résignation ne saurait être de longue durée.

Et alors, malheur à tout ce qui l'approche : il ne voit plus rien, et frappe sans vouloir rien entendre, bouleversant et institutions politiques, et organisations sociales, au risque de se replonger dans un pire esclavage en revenant à sa soumission native, et toujours confiante dans les promesses qu'on lui aura faites, parce qu'il se figure que tout s'accomplira selon son cœur dont la générosité n'a pas de limites.

Mais, hélas ! à côté de cela, en contradiction et à cause de cet état d'âme, il possède malheureusement tous les travers d'un amour-propre exagéré qui, dans certains cas, devient un danger pour lui-même.

Indépendant de caractère, d'imagination fertile, avec cela, esclave de cet amour-propre, il porte en lui un cachet d'originalité qui décèle un génie à qui, pour se révéler, il ne manque que d'en seconder l'essor par l'encouragement à la poursuite du succès. Dans cette disposition on peut attendre de lui tout ce que, dans ses limites, l'intelligence de l'homme peut fournir.

Mais cet excès d'amour-propre crée un danger pour lui-même, dis-je, en ce qu'il engendre un esprit de rivalité qui lui fait croire posséder tous les mérites de celui à qui le rôle de diriger le travail aura été confié. De là, vient, ainsi, que le plus incapable s'estimera supérieur au plus habile, et qu'aussi, le plus paresseux — l'amour-propre se glissant même chez celui-là — ne voudra pas convenir qu'il en soit de plus actifs que lui, ces cas justifiant, du reste, et dans un autre sens, un travers assez général des faiblesses humaines qui nous montre les moins intelligents se porter juges de l'esprit des autres.

Et le plus souvent, les petites causes faisant naître les grandes, ne serait-il pas à redouter que dans ces dispositions un ouvrier froissé dans son amour-propre, une antipathie instinctive et inconsciente portée à un directeur de travail, ou simplement à un de ses camarades, une querelle politique, un rien enfin, aient pour effet d'entraîner toute une bande et susciter une coalition dangereuse qui mettrait en question le sort même de la république ?

Que ne voit-on tous les jours des faits d'une extrême banalité se convertir en conflits les plus regrettables, qui seraient pour faire craindre, en un jour, l'effondrement de tout un édifice créé péniblement par de longues années !

Et ne sait-on donc pas que ce qui conduit généralement à ne mesurer les conséquences d'aucun changement, c'est que partout on verra trouver meilleur ce que l'on désirait que ce qu'on a, et que quand on possède ce que l'on désirait on regrette ce qu'on avait auparavant ?

Cette raison seule suffirait pour amener les ouvriers à faire, à un signal donné, défection unanime à ce collectivisme qui les aurait embrigadés, eux qui aiment tant la liberté lors même qu'ils ne la possèdent qu'en imagination !

Ainsi donc, sous le régime du collectivisme d'Etat, il suffirait d'une mauvaise tête pour, en le compromettant, compromettre le gouvernement de la république sous la tutelle duquel il se serait établi.

C'est bien ce qu'ont compris ses promoteurs les plus acharnés : « Plus d'affaire Dreyfus ! se sont-ils dit, plus de Panama ! Rien que le blackboulage aux prochaines élections !

« Plus de perspective, enfin ! Plus d'espoirs sous le socialisme ! Alors gâtons le socialisme ! Et si nous savons d'autres armes saisissons-les et servons-nous-en pour ensevelir cette république qui, pour nous, n'est plus rien qui vaille et ne saurait plus assouvir nos appétits toujours renaissants ! Servons-nous de ces armes comme nous sûmes nous en servir sous les régimes de l'opportunisme et du radicalisme. Et si, malgré les impossibilités les plus grandes nous parvenons à établir le collectivisme d'Etat, où donc celui-ci irait-il recruter ses grands dignitaires si ce n'est chez nous ?

« En tout cas, quelle qu'en soit l'issue, nous n'avons rien à perdre dans nos manœuvres, et nous avons tout à y gagner.

« Mieux vaut avoir plusieurs flèches à son arc, malgré que de certaines ne puissent s'imprégner du poison dont nous les aurions enduites.

« Dressons cette grande machine dont un simple moucheron aurait la force de faire jouer le couperet.

« D'autre part, nous avons organisé sérieusement nos forces : on détruisait les anarchistes qui ne servaient qu'à tuer les présidents, nous, nous les inventons pour tuer la République !

« On les traquait, et on arrêtait vingt individus pour en découvrir un ; nous, nous n'en arrêtons aucun pour en recruter cinquante !

« — Qu'en dis-tu, ô peuple, mon ami ! trouves-tu que nos dents soient assez longues ? »

— Et maintenant poursuivons ce que nous avons dit des faits dus au caractère de l'ouvrier, en tant que pouvant amener une conflagration, et voyons s'il n'y en aurait pas tant d'autres à invoquer.

En effet, ne sommes-nous pas journellement témoins d'ouvriers qui quittent leurs ateliers pour se mettre en grève plutôt que de supporter un directeur de travail, un contremaître qui leur déplaît ?

Et, sous le régime collectiviste, que ferez-vous de ce directeur, de ce contremaître ? Vous ne l'enverrez pas dans un second atelier où, le mot ayant été donné aux autres travailleurs, il recevra le même accueil avec la perspective des mêmes épreuves ? — Voilà donc un homme, quelquefois le plus méritant, sacrifié au caprice des autres !

Mais, encore, ne faut-il pas aussi compter sur les mêmes antipathies irraisonnées, et le plus souvent inconscientes, des ouvriers entre eux, qui peuvent commencer par des querelles particulières, puis se convertir en coteries, et finir par la *vendetta* surtout dans les ateliers de femmes dont les rivalités s'accentuent plus énergiquement encore que parmi les hommes ?

Et que l'on juge aussi des effets de la complicité du mari et de sa femme dans ce cas : c'est alors l'anarchie, le bouleversement de tout : du collectivisme et de l'Etat dont il dépend.

Car persuadez-vous bien que ce sera moins pour son intérêt, pour son salaire, pour ses bénéfices, que l'ouvrier fera défection à l'atelier que par esprit de rivalité, de jalousie.

D'un autre côté, le collectivisme supprimant le patronat, croyez-vous attacher davantage l'ouvrier au collectivisme qu'il ne l'est à son patron actuel ?

En cela vous vous trompez grandement ; et les directeurs du travail des collectivités auront bien moins d'autorité sur eux que n'en ont les patrons. Car remarquez bien que les défections se produisent le plus souvent à cause des contremaîtres, que contre les patrons dont le rôle est de présider à la marche générale de leurs ateliers et de la gestion de leurs intérêts, sans se préoccuper de la mission qu'ils ont confiée à d'autres de surveiller et de conduire le travail proprement dit.

L'anarchie contre le patron actuel, se déclarant contre les directeurs du travail des collectivités, ou même parmi les ouvriers entre eux, serait bien plus grave, parce que si le patron est toujours maître dans son atelier, et le dirige comme il l'entend, les directeurs du travail des collectivités venant à disparaître, ils seraient difficiles à remplacer, parce qu'aux

entrants serait réservé le même sort qu'à ceux qu'ils
auraient remplacés.

D'un autre côté, sous le régime actuel, les patrons
se jalousant entre eux, cette rivalité facilite l'ouvrier
qui quitte un atelier pour entrer bénévolement dans
un autre.

Il n'en serait pas de même dans les ateliers collectivés qui, entre eux se seraient signalé cet ouvrier
que, malgré les embarras dans lesquels il vous
mettrait, vous seriez bien obligés de faire vivre,
malgré sa mauvaise tête, comme aussi il faudrait bien
que vous fassiez vivre le paresseux, le querelleur,
l'ivrogne. Et l'homme soumis, actif et probe, voudrait-il
le souffrir à ses côtés ?

A un autre point de vue, il est d'autres cas qu'on
ne peut négliger : Lorsqu'un ouvrier viendra à décéder
et par conséquent ne pourra plus fournir sa somme
de travail, la collectivité devra-t-elle pensionner sa
veuve et ses enfants ? Les autres y consentiront-ils ?
Voudront-ils travailler pour ceux qui sont disparus ?

Et pour les industries excercées dans les communautés religieuses, dont les membres qui les composent n'ont pas de famille à élever, devront-ils participer à l'intégralité des bénéfices de leur communauté
à l'égal des ouvriers des autres industries exercées
dans les établissements collectivés ?

Mais encore, lorsqu'il aura été établi qu'une industrie rapportera plus qu'une autre à ses intéressés, ne
verra-t-on pas tous les ouvriers quitter la leur pour
se précipiter vers celle-là ?

Et vous n'aurez aucun moyen de l'empêcher; à moins que vous n'imposiez à chacun de poursuivre telle ou telle carrière, en opposition à ses goûts ou à sa volonté. Si on parle d'oppression, je crois que c'est là qu'on la trouve. Et si on parle de liberté, serait-elle dans le régime des corporations ?

Somme toute, à le croire, vous cherchez, pour établir le collectivisme, à supprimer le patron, le commerçant libres, pensant fournir plus d'avantages à l'ouvrier sous le rapport du gain.

Mais avant de savoir si vous pourriez y arriver, pourquoi ne vous livreriez-vous pas, au préalable, à une statistique qui vous permettrait de savoir ce qui reste au patron, au commerçant, après récapitulation et balance faites des bénéfices acquis et des pertes éprouvées par eux dans l'ensemble : vous sauriez alors à quoi vous en tenir sur la valeur de vos projets.

Mettant en regard les fortunes réalisées avec les fortunes englouties, vous sauriez alors dans quelle proportion le peuple entier a pu profiter des ressources du pays et si, en supprimant le petit commerçant et le patron, ces ressources en seraient augmentées.

Non, le collectivisme n'est ni utile ni désirable pour quiconque : je crois avoir fourni assez d'arguments pour le démontrer. Et s'il devait être désiré par quelqu'un, ce ne pourrait être que par l'ouvrier qui y verrait un refuge à sa paresse, ou bien ceux qui, comme les volontaires à qui l'on fait appel au moment d'une guerre, accourent en masse par l'attrait de l'inconnu et, en tout état de cause, se gardent bien de réengager.

Et s'il devait être souhaité de quelques-uns, ce ne pourrait être que par ces docteurs en socialisme collectiviste auxquels j'ai déjà fait allusion, qui, rebutés du suffrage universel, trouveront dans l'établissement de leur système une compensation à la perte de leur ancien traitement de députés, en occupant les hauts emplois dans les directions collectivistes avec faveur d'octroyer les petits à leurs chers amis, dévoyés de naissance.

Ils comprennent, ces braves gens, que nous n'avons pas encore assez de fonctionnaires en France et qu'il est ridicule de voir des maisons de commerce, des banques, ne payer leurs caissiers que des quinze cents ou deux mille francs par an, alors que l'État, en bon patron, paie les siens, appelés percepteurs, des six et sept mille francs au moins : ce serait pour leurs amis, et des cinquante et cent mille francs à leurs supérieurs en grade : ce serait pour eux.

Oui, l'État patron, voilà ce qu'il leur faut : voyez ses manufactures : là vous rencontrez des fonctionnaires aux appointements scandaleux ! — C'est ce qu'il leur faut. Vous y voyez aussi les ouvriers aux salaires les empêchant tout juste de mourir de faim ! — C'est ce qu'il ne faut pas !

Et vous parlez de faire travailler l'ouvrier en participation de bénéfices ? Après défalcation des émoluments de tous ces *gros colliers*, notre pauvre ami se trouverait en face du tableau représentant la fable, bien connue, de « l'huitre et les plaideurs ».

Car l'assiette au beurre actuelle ne suffit pas à ces messieurs, il leur faut encore des huitres !

Des fonctionnaires, il n'y en a pas assez en France, pensent-ils, parce que les administrations de l'Etat sont en nombre trop restreint. Il faut leur ajouter celles que l'on créerait dans la direction du commerce et de l'industrie ; ce sera la source la plus abondante de fonctionnaires que, dans sa générosité, l'Etat paiera largement, comme il paie largement, aux frais des contribuables, ceux qui le servent déjà, et ce, jusqu'à la liquidation générale du collectivisme, où les anciens patrons, que l'on avait convertis en directeurs du travail, se disperseront complètement ruinés et verront ces fonctionnaires, d'un nouveau genre, s'accaparer de tout ce qui aura été la ruine de la France pour se constituer de grosses fortunes !

Et vous, pauvres ouvriers, vous seriez bien partagés avec l'Etat pour patron ! Vous pourriez être assurés que de toutes les huitres dont vous lui auriez abandonné la succulence, il ne vous resterait seulement pas assez de coquilles pour construire votre bicoque !

———

Après avoir traité la question de la collectivité au point de vue de la production, il reste à la traiter au point de vue corrélatif de la consommation.

Que serait la consommation sous le régime du collectivisme d'Etat? — Ce ne pourrait être que l'union des coopératives comme il en existe présentement.

Ma foi, je vois bien des difficultés à établir cette union, et à organiser leur fonctionnement.

Mais admettons, un instant, que ce soit chose déjà faite.

Il est entendu, à cet égard, que les tenants du petit commerce seront enrôlés dans les magasins des coopératives au même titre que les autres employés — absolument comme proposait de le faire un délégué belge, au congrès international, pour les patrons expropriés de leurs ateliers, qui seraient embauchés dans les ateliers collectivés au titre de directeurs du travail.

C'est fort bien jusque-là ; mais où ça cessera de l'être, c'est lorsque, au nombre des consommateurs, il s'en présentera de ceux appartenant à la classe bourgeoise : rentiers, capitalistes, — car il y aura encore des rentiers, des capitalistes dont la fortune aura quelque peu échappé au collectivisme — pour s'approvisionner dans les coopératives, puisque les magasins libres auront été fondus en elles.

Et ces rentiers, ces capitalistes, profiteraient, comme le prolétaire, du bas prix de ces marchandises résultant de la suppression des intermédiaires ?

Cela ne serait pas juste : les coopératives n'ayant lieu d'exister que pour aider ceux qui travaillent, par conséquent produisent, et non ceux qui ne travaillent pas et vivent du travail des premiers. Si vous accordez la même faveur aux uns et aux autres, c'est un privilège que vous créez en faveur de ceux dont vous ne pouvez collectiver la fortune en les facilitant, par ce moyen, de l'augmenter encore.

Même privilège les avantages que vous accorderiez au bourgeois de profiter également du bon marché de la main-d'œuvre des ateliers collectivés pour les travaux qu'il leur ferait exécuter. Et au lieu de cette *égalité des classes* préconisée, on n'aperçoit, au contraire, que les faveurs que vous faites au riche, tout en l'empêchant de se servir où bon lui semble : chez le cordonnier de son cœur, chez l'épicier de son choix.

Et, loin de vous en remercier, il criera à l'oppression !

Et il n'aura pas tort !...

En indisposant ainsi, tout à la fois, et la classe ouvrière et la classe bourgeoise, ne craindriez-vous pas que la *lutte des classes*, à laquelle, en contradiction avec l'*égalité* des mêmes *classes*, vous faites un appel, ne se changeât plutôt en une entente entre elles pour renverser l'édifice à l'échafaudage duquel vous auriez tant travaillé ?

————

Comme suite à ces considérations relatives à l'exercice des coopératives de consommation, je me reporterai à une petite brochure intitulée : *Les moyens pratiques du socialisme* publiée par un député so-

cialiste français, dont l'unique préoccupation, cette
fois, serait l'établissement du collectivisme national,
dégagé de toute compromission avec l'internationalisme, où, à propos de cette question, il dit qu'il faut
chercher à multiplier ces coopératives dans la plus
grande mesure du possible pour en arriver à ce que
la consommation commande à la production de manière à ce que, de son importance, puisse prendre
naissance la voie d'échange des produits de l'une
contre les produits de l'autre.

— Je vois bien du chemin à faire pour en arriver
jusque-là !

Mais, en attendant, on ne saurait jamais trop en
fonder pour que tout ouvrier puisse avoir sa subsis-
tance au prix le plus strictement réduit.

— Je ne quitterai pas cette brochure sans y puiser
certaines considérations de l'auteur qui, à mon point
de vue, ne sont pas sans valeur, sur les conditions
présentes du socialisme et les supputations relatives
à son avenir.

Ainsi, lorsqu'il signale le danger d'attendre, les
bras croisés, « qu'une révolution à main armée, apporte aux socialistes le pouvoir suprême leur permettant de transformer la société tout d'une pièce,
par la dictature du prolétariat, césarisme à quelques
centaines de têtes sous le bonnet rouge où elles
s'entre-dévoreraient fraternellement... » et concluant
« qu'il ne suffit pas d'organiser des comités révolutionnaires, de les tenir prêts à sauter à la gorge du
gouvernement bourgeois pour qu'un beau matin la

société se réveille en régime socialiste et qu'une conquête opérée ainsi par surprise, en admettant qu'elle fût possible, n'aurait pas de lendemain. Et que la dictature de classe ne sauverait pas plus le socialisme des inévitables réactions bourgeoises que la Terreur n'a sauvé la république démocratique de la réaction thermidorienne et finalement du césarisme napoléonien » — je dis qu'il est dans le vrai.

Mais lorsqu'il parle de l'action gouvernementale, quoiqu'il dise, « qu'il serait dangereux de subordonner l'action économique à l'action politique », et que « s'il devait y avoir subordination, sans que pour cela elle soit nécessaire, ce serait aux moyens et aux buts économiques que devrait plutôt se subordonner l'action politique », je n'eusse pas été fâché qu'il précisât dans quelle mesure devrait s'exercer cette action.

Il m'est avis, toutefois, que le gouvernement ne doit s'ingérer dans la question économique que tout autant que celle-ci serait si intimement liée à la politique qu'elle ne pourrait être résolue sans elle.

Un plus loin, après avoir recommandé de « ne pas oublier que nous devons déjà à l'action des travailleurs syndiqués la législation ouvrière existante », il semble s'étonner que « pourtant un grand nombre de syndicats se tiennent encore en dehors du parti socialiste (lisez : non préparés au collectivisme), les uns, parce qu'ils ne sont pas encore élevés au-dessus des intérêts corporatifs immédiats, les autres, parce que, tout en étant socialistes, ils ne croient pas que le socia-

lisme doivre être organisé en parti politique » (c'est-
à-dire en collectivisme d'Etat).

Cependant, ajoute-t-il, « les uns et les autres agis-
sent nécessairement dans le sens socialiste, et ils
bénéficient également de l'action du parti socialiste
dans le parlement » (il aurait pu ajouter : et de
l'intrusion d'un socialiste dans le ministère dont nous
sommes si aimablement gratifiés).

— Hé bien, ils ont, selon moi, raison, ces syndicats, de prétendre que le socialisme ne doit pas s'organiser en parti politique et d'éviter l'immixtion de
l'Etat dans la question ouvrière à moins que ce dernier ne soit invité par les corporations à figurer
comme arbitre dans les différends qui se seraient
élevés entre la partie directrice et la partie dirigée
qu'elles-mêmes n'auraient pu parvenir à mettre
d'accord.

Inciter le socialisme à se compromettre à la politique, c'est entraîner l'ouvrier à faire plus de politique
que de socialisme proprement dit, parce que, pour
un très grand nombre, s'occuper de politique par
simple distraction finit par tourner en une passion
qui leur fait oublier celle qu'ils devraient avoir pour
leur travail lorsque, par contre, la politique n'a en
rien à s'occuper de la question ouvrière intime, si ce
n'est pour procurer du travail à l'ouvrier en ouvrant
des débouchés, par des traités de commerce, dont les
effets seraient d'influer sur la mise en valeur des
produits agricoles et industriels du pays. Et ce n'est
que sur cet objet que la politique a à exercer son

action efficace indissolublement liée à son action gouvernementale, et non à s'occuper de l'organisation du travail et de celle de comités socialistes qui n'ont que faire autrement de son ingérence.

Et pourquoi l'ouvrier aurait-il à s'occuper de la politique du gouvernement lorsque celui-ci s'occupe si peu des intérêts de l'ouvrier ? — Ce serait du temps employé bien mal à propos !

Non, laissez-le à son rôle équivoque qui est de flatter le socialisme, et de tout lui promettre, pour le mieux trahir, et tendre la main au bourgeois, son frère, dans le système gouvernemental qu'ils ont créé à leur usage.

L'ouvrier, faire de la politique ! Et à quoi bon ?

Espérerait-il faire revenir ces hommes de ce qu'ils sont depuis trente ans ? Croirait-il que pris dans les mailles de la cupidité et de l'égoïsme ils se convertiraient à de généreux sentiments ?

Aurait-il la simplicité de croire qu'ils puissent avoir des yeux pour ce peuple qu'ils ont toujours oublié, et que, d'un air narquois, ils accusent d'avoir été le premier à les vouloir puisqu'il les a nommés pour le représenter, omettant de dire que c'est parce qu'à chaque élection ils se sont toujours affublés d'un déguisement de circonstance pour le mieux tromper ?

Non, le peuple n'a à compter en rien sur ce gouvernement qui l'a dédaigné depuis le commencement, et le dédaignera jusqu'à la fin.

Et l'ouvrier ne consultera pas plus le gouvernement pour l'organisation du travail que ce dernier ne l'a consulté pour procéder à l'organisation de sa république bourgeoise.

Il supportera sans murmurer le temps d'arrêt qui lui est imposé et portera ses regards vers l'avenir, qui ne saurait être éloigné, où il pourra enfin avoir un gouvernement venant lui tendre la main pour vivre avec lui et pour lui ;

D'un gouvernement qui saura écarter tout ce qui peut provoquer le désordre dans l'atelier par la propagation d'idées politiques qui sillent les yeux de l'ouvrier par l'appât d'un avenir brillant, en opposition à sa misère, et lui laissera plutôt, tout en l'encourageant, le soin de préparer lui-même son évolution sociale sous les auspices de représentants du travail qu'il aura délégués dans ce but ;

D'un gouvernement qui, loin d'exciter les passions par de louches manœuvres, fera plutôt l'impossible pour éviter les conflits entre patrons et ouvriers, causant ces grèves si préjudiciables aux uns et aux autres ;

D'un gouvernement qui pour faire place à l'intérêt général fera table rase des intérêts particuliers ;

Qui devra puiser dans les ressources immenses de la France la substance nécessaire à ses enfants avant de songer à en faire profiter l'étranger ;

Qui protégera le travail national contre la concurrence étrangère, et qui, s'il ne peut éviter celle des produits allemands, dont le traité de Francfort favorise l'entrée en France presque en franchise, et que les milliards que nous avons dépensés pour entretenir une armée ne suffisent pas pour venir à l'appui de sa dénonciation, travaillera à empêcher que des produits français ne fassent concurrence à des produits français : Je veux parler du travail des couvents, des prisons, des maisons pénitentiaires, tous établissements de l'État enfin, qui, au lieu d'écouler leurs produits par voie d'intermédiaires qui prélèvent sur eux de gros bénéfices, les fourniront directement aux coopératives qui en feront profiter l'ouvrier ;

Qui avisera à ce que le travail des communautés religieuses possédant des usines, des fabriques, soit fait par des hommes mariés, ayant femme et enfants à nourrir, à moins que les congréganistes, qui en font partie, ne renoncent à leur vœu de chasteté, qui n'est qu'un acte contre nature, conséquemment contre Dieu qui fit la nature et se réserva d'en être le seul régulateur, en choisissant une compagne, se conformant en cela à cette parole : « Croissez et multipliez » et à cette autre : « La terre nourrira toujours ses enfants ! » Et ceux à qui la nature n'aura pas accordé de multiplier auront toujours, par leur travail, fait vivre une femme au lieu de leur faire mépriser la femme, comme si Dieu avait créé la femme pour un autre animal que l'homme !

Au surplus, ils n'auront pas à concourir à la richesse de leur couvent qui n'accumule que par la concurrence qu'il fait aux industries du pays, tout en abrutissant ceux qui y auront coopéré par un vœu idiot dont ils se sont rendus les esclaves, et les met ainsi hors la société, qui, à son tour, est assez idiote pour leur consentir les droits civiques, en échange du refus qu'ils lui opposent de lui donner des enfants pour servir la patrie.

Que la même mesure soit étendue à ceux qui tiennent école, et pour la même raison de concurrence aux instituteurs, pères de famille, qui, en outre des charges et tribulations leur incombant de ce fait, sont mieux placés pour en connaître des obligations des parents envers leurs enfants et des devoirs des enfants envers les parents, que ceux qui, n'ayant ni femme ni enfants, et, par ainsi, exempts de toutes les vicissitudes familiales, ne peuvent conséquemment en inculquer l'idée dans l'esprit de leurs élèves.

Mais, si ce gouvernement jugeait que cet acte de substitution, — équivalant tacitement à l'expulsion des congrégations — dût causer une trop grande émotion dans le pays, lequel se demanderait pourquoi détruire ce que l'on a toléré si longtemps, conformément, après tout, au droit de chacun de disposer à son gré de sa personne, qu'il tourne alors la difficulté et prenne la chose dans un autre ordre d'idées se rapportant à l'impression du pays :

Qu'il continue cette tolérance et fasse entrer les associations religieuses dans le droit commun au même titre que les associations civiles et, sans tenir compte de cette distinction entre congrégations *autorisées* et *non autorisées*, que le gouvernement actuel s'approprie tout en se réservant d'autoriser celles qui lui plaisent et de refuser l'autorisation à celles qui ne lui plaisent pas, — usant ainsi d'un droit de partialité autoritaire indigne d'une démocratie et digne seulement d'un gouvernement bourgeois, — qu'il se dise que ce n'est pas une raison, parce que les associations civiles sont de fait acquis et que les associations religieuses n'ont pas, dans certains cas, de but bien déterminé, pour ne pas laisser les unes et les autres à leur industrie, sous condition, toutefois, que ces dernières ne léseront pas les autres.

Toute association ne se formant que pour l'exploitation d'un produit quelconque, si au nombre des associations religieuses il en est une dont l'objet consiste en l'exploitation de produits de la religion même, c'est-à-dire de messes et de prières, aussi étrange que soit cette marchandise, puisqu'elle trouve preneurs, pourquoi ne pas laisser cette industrie s'exercer librement ?

S'il en est une autre qui s'occupe d'instruction publique, à la condition qu'elle ne transgresse les droits de l'instituteur qui, pour exercer, doit passer par l'école normale, ni sur les droits du prêtre, qui, pour enseigner les préceptes de la religion, doit passer par le séminaire, à la condition, dis-je, que les congréganistes passent par la même filière que l'instituteur et le prêtre, soit à l'école normale et au séminaire, pourquoi ne pas les laisser aussi pratiquer l'enseignement en toute liberté ?

Et maintenant que me voilà lancé dans cette voie, que ce gouvernement de l'avenir me permette — en

ami — de lui parler comme on devrait parler au gouvernement actuel qui s'est arrogé le droit d'autoriser
ou de ne pas autoriser :

Serait-ce, lui dirais-je, parce qu'il est très *chic* d'envoyer ses enfants chez les jésuites, et que ces enfants
imbus des préceptes de leur école, ne fassent que la
parole de Gambetta : « le cléricalisme c'est l'ennemi »,
se vérifie, et soit toujours d'actualité, que vous cher-
cheriez à interdire l'enseignement aux religieux ?
Si c'est là votre seule raison, permettez-moi de vous
faire observer qu'elle est tant soit peu spécieuse ; car
représentez-vous bien, d'abord, que tous les *jésuites*
ne sortent pas des écoles congréganistes et qu'il n'est
pas besoin de recourir à la dissolution des congrégations pour détruire l'esprit jésuitique chez leurs élèves
— disposition, à coup sûr, profondément regrettable,
mais que l'âge seul se charge de dissiper suivant les
circonstances dont la vie est entourée, et qu'en outre,
il n'est pire que celui qui se regimbe contre des défectuosités que son état de jeunesse l'empêchait de discerner et dont le résultat est de tourner contre soi
qui l'on croyait le mieux tenir ! Fort heureusement
d'ailleurs : ce fait constituant une garantie contre de
mauvais instincts qui auraient pu s'emparer, un instant, de l'esprit de ceux chargés de diriger la jeunesse.

Et que n'avez-vous, du reste, la haute main sur les
congrégations comme sur tous les autres groupes et
associations ?

Si les moyens d'affirmer votre puissance sur elles
sont insuffisants, vous n'avez qu'à les compléter,

puisque c'est vous qui faites les lois ! Et ces lois réta-
blies sur la raison feront obstacle aux empiètements
du cléricalisme. Car ne perdons pas de vue que tout
doit se heurter à la dignité d'un gouvernement fondé
sur des principes de raison et d'éclatante justice !

Pourquoi donc recourir à un refus d'autorisation
pour enseigner, comme à l'interdiction d'exercer une
industrie quelle qu'elle soit, par des corps religieux ?

Pourquoi autoriser ou ne pas autoriser ?

Est-ce qu'au nom des libertés publiques, il serait
permis de porter atteinte au droit de concours au
travail national, soit individuel, soit collectif, de tout
citoyen français, quelle que soit la coupe de son vêtement ?

Seulement, attention ! — S'il n'est pas admis qu'il
doive leur être porté atteinte, à leur tour il doit leur
être interdit de porter préjudice à l'intérêt général
comme à l'intérêt particulier.

Etant acquis que toute exploitation ne doit laisser
ses bénéfices qu'à ceux qui coopèrent, par leur travail
de corps ou d'esprit, à sa réussite, de manière à ce
qu'ils puissent, eux et leurs familles, vivre de ce travail, il est tout ce qu'il y a de plus rationnel que ceux
qui par un vœu de chasteté ont conséquemment
renoncé à toute famille, ne puissent jouir de l'intégralité des mêmes bénéfices.

Et comme, d'autre part, le salaire qui devrait revenir à chacun de ceux qui forment l'association va
rejoindre en tout bénéfice les ressources qui permettent la concurrence des sociétés religieuses aux socié-

tés civiles, il importerait de faire cesser cet abus, par l'application d'une mesure, que j'ai déjà annoncée, consistant en l'établissement d'un impôt sur les célibataires, en vertu duquel l'Etat prélèverait un équivalent d'au moins la moitié de ces salaires, au taux que l'ouvrier libre est payé pour les travaux identiques avec la réserve que seraient reconnus célibataires, en première ligne, ceux qui ont fait vœu de chasteté et dès leur entrée dans l'ordre. Et, pour ne pas rendre la loi particulière à ces derniers et lui ôter l'apparence d'une loi de tendance, l'étendre à tous les célibataires dont les gains ne seraient indispensables aux besoins de leurs familles.

(Il va de soi que le produit de cet impôt, prélevé en grande partie sur le travail, devrait revenir au travail, — non au travail rapportant bénéfice à l'ouvrier en activité, mais au travail ancien que l'âge du vieux travailleur l'a forcé d'abandonner sans lui permettre les économies qui l'eussent aidé à vivre le restant de ses jours — pour fournir son apport à la caisse des *retraites ouvrières* que depuis si longtemps on parle de fonder.)

De cette façon, tout en augmentant les ressources d'un budget, on mettrait fin à la concurrence que les associations religieuses font à l'industrie, au commerce et à l'instruction publique, par le retour de bénéfices que les communautés réalisent indûment.

— Mais, dira-t-on les associations d'instruction publique ne réalisent pas de bénéfices, puisque l'instruction est gratuite !

— Cela ne regarde qu'elles et les parents qui leur confient leurs enfants : « Noblesse oblige !… »

Continuant son œuvre démocratique, ce gouvernement poursuivra la suppression des droits qui frappent les denrées d'alimentation du peuple.

Il établira l'impôt sur le revenu tendant à faire contribuer celui qui possède pour celui qui ne possède pas.

Il supprimera impitoyablement tous les monopoles, y compris les monopoles d'État, et exercera très énergiquement la répression des accaparements.

Il s'occupera de l'administration des colonies, et avisera à ce qu'il soit fait une place plus large à l'élément français.

Lorsque surgiront des difficultés entre patrons et ouvriers de grandes exploitations, et que ces difficultés, malgré toutes les démarches nécessaires faites par les syndicats, n'auront pu se lever, le gouvernement, se faisant l'auxiliaire des directions socialistes, procédera soit à l'expropriation des concessions, soit à l'érection d'ateliers en rivalité de ceux qui, en dépit de tous les efforts tentés, n'auraient pu entrer en composition.

Il ferait aussi porter l'expropriation sur les terrains en friche, et propres à la culture, que leurs détenteurs n'exploiteraient pas, pour l'agrandissement de la propriété de ceux dont l'étendue de la leur serait insuffisante à entretenir l'activité, et permettre de vivre de leur travail sans avoir recours à des fermages.

Étendant son action paternelle, lorsqu'une famille

posséderait plus de deux enfants, et que ses ressources seraient reconnues insuffisantes pour en élever un plus grand nombre, il amènerait l'État à ce que les autres soient pris à sa charge jusqu'à ce qu'ils soient en âge et en état de travailler. (En dehors du point de vue humanitaire, ce serait aussi un encouragement à la repopulation de la France, si instamment réclamée.)

Et enfin, ce gouvernement qu'aurait su se mériter le suffrage populaire, à la fin désabusé de toutes les palinodies des hommes qui l'ont joué jusqu'à ce jour, s'empresserait de faire aboutir toutes les réformes que depuis le commencement nous réclamons vainement, et qui, faute d'avoir été réalisées, sinon mises en question, loin de rien changer à la condition du peuple n'a fait au contraire que l'aggraver.

— Ainsi, reportons-nous à l'époque antérieure à l'avènement de la république et, qu'à cause des calamités que son régime attira sur la France on n'ose rappeler qu'en frémissant, nous verrons qu'il nous procura, pendant toute sa durée, un bien-être matériel que, depuis, nous n'avons pu ressaisir. Et pourtant le prix des subsistances était plus élevé qu'il ne l'est aujourd'hui, surtout pour le principal de la vie : le pain et le vin.

Cela tenait à ce que, soit par la vertu de traités de commerce sagement élaborés, soit par l'exécution de grands travaux sur toute la surface du territoire, soit enfin par l'encouragement au travail, devant effacer la politique à laquelle le gouvernement ne tenait pas le moins du monde que le peuple se mêlat, tout marchait : le commerce, l'industrie, l'agriculture, et tout le monde vivait mieux, parce que tout le monde avait du travail, et que le commerce n'était pas contrarié par la concurrence étrangère.

Il est très avéré qu'en ce temps, le gouvernement n'eût encouragé, non seulement la concurrence étrangère, mais même la contre-concurrence, celle-ci, par surcroît, se fit-elle au détriment de la santé publique.

Il y a de cela, dis-je, quelque sept à huit ans, on crut devoir frapper de droits prohibitifs les vins d'Espagne qui étaient venus au secours de la consommation française, à laquelle la faible quantité de vin, que l'on récoltait encore dans le pays, ne suffisait pas.

Ces vins généreux et naturels consommés tels qu'ils nous parvenaient, ou employés dans des coupages avec les nôtres, avaient toutes les qualités voulues pour ne pas trop nous laisser regretter ceux qu'en France nous avaient enlevés les maladies de la vigne.

Mais le fisc toujours rapace, plus allemand qu'espagnol, et plus internationaliste que patriote, en ce qui tient à la santé publique, crut devoir augmenter de six francs par hectolitre, les droits que ces vins payaient déjà à la frontière. Et savez-vous pourquoi ? tout simplement pour favoriser l'introduction en France, d'atroces alcools allemands, qui devaient remplacer nos bons vins espagnols, dans des mixtures où la substance du vin, ainsi que la couleur, n'étaient pour rien dans leur composition ; le corps du vin (s'il était permis de l'appeler ainsi) était... je ne sais quoi, et la couleur c'était... une teinture quelconque.

Voilà donc ce que, par sa connivence, le gouvernement, en bon père de famille, faisait boire à ses enfants !

Mais aussi tout le monde se plaignait : le bourgeois, que son vin n'était pas bon parce que, dans sa composition, le commerçant pour s'y retrouver faisait entrer du vin espagnol de qualité inférieure, et l'ouvrier, parce qu'au lieu de vin on lui fournissait du poison.

Si j'ai cru devoir entrer dans ces détails et mettre ces deux époques en regard, c'est pour établir que les ressources de la France, à la condition qu'elles soient bien ménagées par une sage administration, sont largement suffisantes aux besoins de tous.

— C'est pourquoi, ô peuple ! tu ne saurais jamais trop t'appliquer dans le choix des dispensateurs de la fortune de ton pays. Tu ne saurais jamais trop chercher ceux dont le souci de tes intérêts n'aurait pas de bornes.

Mais où les trouver ? me demandes-tu. — Assurément ce n'est pas chez ces théoriciens du socialisme qui n'ont, pour les recommander, que la façade socialiste, ressasseurs de tout ce que seule apprend la pratique, car à l'inverse de ce qui se produit habituellement dans un état normal, ici ce sont les effets qui doivent précéder les causes; le socialisme, s'il y a des indications, n'ayant pas de limites, obligé qu'il est, je l'ai dit déjà, de se fondre dans des universalités dont seul un gouvernement républicain vraiment démocratique, pourrait l'en sortir.

Non, ce n'est pas de chez eux que viendra la délivrance. Elle ne viendra de ceux qui, par ce qu'ils ont fait, te donnent la juste mesure de ce qu'ils feraient encore, si tu avais la faiblesse de les écouter, et d'ajouter foi à leurs promesses renouvelées.

Et le salut ne viendra que de ceux qui, répudiant toute affiliation à l'internationalisme, n'ont d'yeux et de pensée que pour leur pays; ne voient que lui, ne pensent que pour lui; qui, dégagés de toute ambition autre que celle du bien qu'ils peuvent faire à leur pays, ne cherchent, pour le soin de leurs intérêts personnels, à se faire les soutiens de gouvernements qui, depuis le principe, n'ont jamais cherché qu'à te tromper.

Laisse donc, ceux qui, à défaut d'une vie irréprochable à tous égards, n'ont que l'étiquette socialiste pour les recommander auprès de toi. Chasse-les avec leur égoïsme dont ils ne t'ont donné que trop de preuves !

Repousse avec la même force, leurs perfides discours, parsemés d'expressions sonores, qui un instant ont pu te séduire, te laissant croire encore à quelques restes de bonnes intentions.

Non, non, il ne reste plus rien chez ces hommes dont l'appât de l'or a rongé le cœur ! Et ce n'est pas d'un arbre pourri jusqu'à la racine qu'il faut songer à recueillir de bons fruits. Or, « tout arbre qui ne porte pas de bons fruits doit être coupé et jeté au feu ».

Tourne-toi plutôt vers ceux que leurs mérites auront appelés à former les ramures de cet autre arbre dont tu auras, de ton souffle puissant, favorisé la vigueur : l'arbre de France, dont les fruits toujours rajeunis se nomment l'amour, la gloire, l'honneur ! et qui, en récompense du travail qui t'aura donné le dîner, te fournira de ses fruits qui en seront le dessert !

Ferme les oreilles, ouvre les yeux, et ne consulte que ta conscience !

A la faiblesse, à la docilité d'un enfant, oppose la force du lion qui est la tienne !

Tu as la force de tout renverser, de tout régénérer :

— Tu as ton bulletin de vote !

Par le bulletin de vote, ton sort, le sort de tes enfants, celui de ton pays, sont entre tes mains !

Mesure l'étendue de ta responsabilité !

A la mirobolante profession de foi accompagnée du mirifique programme que t'ont présenté ceux qui te firent ces discours mensongers, dont tu as eu tout le temps de reconnaître la perfidie, oppose ta volonté de n'exiger de ton candidat que cette simple déclaration :

« Je jure d'aimer mon pays comme moi-même, et
« de ne faire passer l'amour de ma famille avant

« l'amour de mon pays. Et affirme que je le servirai
« à l'égal du prix que j'attache à ma vie ! »

Pas n'est besoin de dire que lorsque nous possé-
derons un gouvernement représenté par de tels
hommes, il ne sera pas utile de se préoccuper de la
manière dont nos affaires seront conduites au dedans
comme au dehors :

Nous serons assurés de toute la somme de
bonheur que puissent goûter dans leur pays, ceux
qu'il aura vus naître.

Nous serons assurés aussi que l'honneur du nom
français, franchira tous les espaces, et fera respecter
le drapeau de la France, emblème de la Patrie déli-
vrée et triomphante !

Nous l'aurons, alors, cette république, objet de nos
luttes et de nos longs espoirs !

Nous l'aurons, alors, ce gouvernement qui sera si
bien l'incarnation de la cause du peuple, qu'il aura
donné au suffrage universel de se prononcer depuis
l'élection du juge de paix jusqu'à celle d'un président
de la République. Et qui, ainsi autorisé, lorsqu'il
aura été appelé à rendre ses sentences, ne s'inspirera
que du droit et de la justice, étendant sa mansuétude
sur tous, comme le doit un bon père de famille à ses
enfants !

Il sera ainsi restitué à l'ouvrier la place qu'il doit
occuper dans la société : il lui sera donné de n'avoir
rien à envier au bourgeois, si même sa condition
n'est préférable à celle de ce dernier, par la satisfaction qu'accompagnent les joies de la famille, parce

que, dégagé du souci de l'avenir de ses enfants, que
garantissent les ressources de son travail, jusqu'à ce
que forts et vigoureux, ils soient en état de travailler
eux-mêmes, il aura la satisfaction de contempler le
fruit de l'union avec celle que par amour il avait
choisie, et pourra en faire la comparaison avec les
enfants du riche qui ne sont, la plupart du temps,
que le fruit du mariage de raison, du mariage des
écus, chétifs rejetons de la cupidité et de l'indifférence
réciproques.

Il lui sera donné aussi de rendre hommage à celui
dont la sagesse lui fit dire : « Le travail c'est la liberté ! » pour la raison que le travailleur s'adressant
à celui qui ne travaille pas sera en droit de lui dire :
« Je suis libre puisque je ne dépends que de moi-
même, de ma force productrice ; et toi, tu serais
plutôt mon esclave, puisque tu ne vis que sur moi,
sur mon travail, de mes peines, de mes sueurs ! — De
ton argent ? je n'ai que faire ! Et toi tu ne peux te
passer de mon travail ! »

Mais que parle-t-on de révolution ? de descente
dans la rue, pour réclamer tes droits ? — Quels
droits ? Les droits au travail sous l'organisation
sociale suivant les apôtres du collectivisme international ?

Une révolution ? Et pourquoi faire, grands dieux !
pour qu'au nom de l'internationalisme tu prennes fait

et cause dans une nouvelle affaire Dreyfus qui n'aurait pas encore assez engraissé ceux qui l'attendent de toi ? Une révolution pour en faire profiter tes frères de l'étranger, ne trouvant pas qu'il soit assez qu'ils viennent par bandes, dans ton pays, manger ton pain et celui de tes enfants ?

Sois généreux, mais pas à ce point ! — S'ils trouvent tant d'avantages à venir chez toi, profitant de ce que t'ont donné les révolutions qui t'ont tant coûté, qu'ils en fassent autant chez eux ; mais que, surtout, ils s'abstiennent de venir réclamer ton appui pour cette besogne dont tu serais la première dupe !

Tu voulais la république ? — Tu l'as ! — Tu la voudrais meilleure ? — Vote-la ! — Et songe que ton bulletin de vote vaut mieux que mille fusils !

Au campagnard qui s'effraiera de la menace qu'on lui fera de lui enlever sa terre, sa terre à laquelle il tient encore plus que le bouvier de Pierre Dupont ne tenait à ses bœufs, pour la partager avec des chapeliers et des orfèvres, dis-lui que ce sont précisément ceux qui lui débitent ces sornettes, ces stupidités, qui en sont les auteurs, et que le candidat pour lequel il doit bien s'abstenir de voter est celui qu'ils lui recommandent le plus.

Si ces grands meneurs veulent te mêler à la politique, sois persuadé qu'ils ont toutes raisons pour cela. Ils croient toujours t'avoir, parce que tu les applaudis dans les réunions où ils vont te prêcher une doctrine à laquelle ils ne croient pas un mot, et, tandis que tu les applaudis, eux se rient de toi.

Ne sais-tu donc pas que par la révolution sociale ils entendent tout simplement une révolution politique à leur profit ? Une révolution devant couvrir leur politique de serpents, qui rampent à tes pieds au moment voulu, comme ils rampent en même temps, et pour un autre motif, aux pieds du gouvernement, pour te mordre et t'infiltrer le venin qui tue, sans que cela empêche leur mouvement lent et calculé devant préparer leur dernière et fatale morsure ?

En les écoutant, en votant pour eux, ne sais-tu donc pas que tu votes pour leur existence et la condamnation de la tienne ?

L'affaire Dreyfus ? Ils n'y croient pas plus qu'à leur collectivisme ! Ils n'ont fait l'un et l'autre — ils ont eu l'audace de l'avouer — que pour te mieux duper : l'un et l'autre ils les ont inventés comme arme de guerre défensive de leurs félonies de tous les temps !

Ils t'ont dupé pendant trente ans, et cet énorme laps de temps leur donne toute confiance qu'en recommençant leurs manœuvres électorales, par l'exhibition de leur bannière à nouvelle étiquette, ils réussiront encore à te convaincre et à avoir raison de ton incrédulité.

— Déjoue leurs projets ; tu connais leurs intentions !

Si tu es royaliste, vote pour des royalistes : ce sera la communion loyale de tes convictions avec la voix de ta conscience, comme elle sera l'image de la conviction et de la conscience de tes mandataires. Mais si tu es républicain, vote pour des républicains, et ne vote pas pour ceux dont toute la politique consiste dans le souci de leurs intérêts particuliers et de leurs ambitions désordonnées.

Impose à tes candidats, quels qu'ils soient, l'obligation de proposer une loi qui soumette, tous les ans, leur élection à la revision de leur comité électoral qui aura à se prononcer s'il y a lieu de lui maintenir la confiance de ses électeurs ou de proposer une épreuve de réélection, auquel cas, si le scrutin se prononçait contre lui, il aurait à céder la place au nouvel élu qui aurait été jugé plus digne de le remplacer.

De cette façon tu feras cesser cette anomalie de ministères qui se perpétuent au pouvoir et gouvernent en opposition à tes désirs, à tes volontés. Tu éviteras ce triste spectacle de cabinets qui, pour se maintenir, n'ont d'autre recours qu'au système de bascule, tantôt d'un ancien communard s'appuyant sur les votes des réactionnaires du parlement, tantôt d'un ancien opportuniste soutenu par les votes de socialistes-collectivistes-internationaux.

— Où se trouvent les socialistes patriotes ? me demandes-tu !

— Les grévistes de Montceau t'en signalent trente-quatre, qui siègent au Palais-Bourbon (peut-être y en a-t-il quelques-uns au Sénat). C'est peu, mais tu as toujours cela pour provision et dans toute la France tu en trouveras bien quelques autres qui ressembleront à ceux-là, et, sans attendre les élections, combien se sont déjà montrés dont les actes et la conduite sont de nature à dissiper tes appréhensions !

La révolution ? Et que t'a-t-elle rapporté ?

Voyons :

La première, celle de 1789, détruit les privilèges et te lègue les droits de l'homme. Le premier Napoléon supprime les droits de l'homme et te donne la guerre et l'invasion !

La deuxième, celle de 1830, détruit le rétablissement des titres qui attendait celui des privilèges et te donne une nouvelle noblesse : la bourgeoisie.

La troisième, celle de 1848, détruit la réaction bourgeoise, et te dote du suffrage universel, en même temps que de la question sociale aux prises avec les fausses doctrines du collectivisme qui devaient lui porter un coup fatal ! — Survient un deuxième Napoléon qui profite de cette situation pour opposer l'un : le suffrage universel, à l'autre : le socialisme, le premier devant le servir dans ses desseins, le second pouvant le gêner, pour en fin de compte, culbuter la république, et te donner, comme son oncle, la guerre et l'invasion !

Enfin, la dernière, celle de 1870, ne détruit rien, maintient tout, et te restitue les droits de l'homme, sur les timbres-poste, et, si tu n'y prends garde, te dotera d'un troisième Napoléon qui, à l'exemple de son oncle, neveu lui-même du grand batailleur, fera aussi bon marché du socialisme, et de la révolution dont il aura été la cause.

Ainsi, de toutes ces révolutions qui ont coûté tant de sang et de larmes, de bouleversements et de deuils, qu'en as-tu retiré ?

La première, de vil bétail, te fit peuple.

Chassant les maîtres, elle affranchit les esclaves !

Elle chassa l'iniquité pour faire place au droit naturel !

Elle fut si grande et sublime, que ses fils les plus rebelles se sentirent forcés de se courber sous l'ascendant de sa grandeur !

Mais le serpent se glisse jusque sous les fleurs, et ne craignant pas de les froisser jusqu'à ce qu'il les ait flétries, soudain apparaît sa hideuse tête, qui, par la terreur qu'elle inspire fait oublier les doux parfums qu'il a détruits.

— Cette tête hideuse est celle de tous les gouvernements qui se succédèrent jusqu'au jour où, de cahots en cahots, le char fit enfin une halte, déposant à terre des hommes troublés, inquiets, désorientés, qui, sentant enfin le moment où ils pourront un peu respirer, dans un élan inspiré par le souffle d'un peuple ahuri, se souvinrent que leurs grands-pères étaient là, debout, attentifs, inexorables dans les grandes œuvres qu'ils avaient accomplies et attendant de savoir s'il y avait encore du sang français dans leurs veines !

Il y en avait ! — Ils firent le suffrage universel !

S'ils ne firent pas autre chose, n'accusons pas leur bonne volonté. — C'est tout ce qu'après des tourmentes sans fin, il leur était permis de faire ; mais s'ils n'en firent qu'une seule, elle fut bien, aussi, la plus grande, la plus glorieuse !

Gloire donc à ces hommes qui te donnèrent le suffrage universel ! — Tu ne saurais jamais trop leur élever des statues, dussent-elles monter jusqu'au ciel !

— Mais la modestie, en ce temps, n'ayant d'égale que la morgue d'aujourd'hui, c'est bien moins par orgueil que par patriotisme qu'ils te léguèrent le pouvoir souverain, et, pour récompense, ne durent exiger de toi que de t'en servir dans le sens de ta propre grandeur !

Rappelle-toi que, dans ce but, ils poussèrent l'ardeur patriotique, qu'avait déjà infusée dans leur âme le souvenir de nos aïeux, jusqu'à l'aller défendre sur les barricades ! — Ne saurais-tu donc le défendre contre les entreprises des factieux ?...

Grâce au suffrage universel, il te fut donné de nommer ceux qui devaient représenter ta souveraineté : les représentants du peuple avec le chef du pouvoir exécutif, souverain de la république du peuple.

Mais, hélas ! et depuis que la fille de la grande révolution, qui t'avait affranchi du joug des tyrans pour te faire peuple libre, te donna le suffrage universel, qu'as-tu gagné !

Ce que tu as gagné ? Tu as gagné que le suffrage universel qui constituait ton seul bénéfice s'est prostitué. Et si à certain moment je demandais où se trouve le président de la république dans *notre* république, je me demande où, après toutes nos révolutions, se trouve le socialisme ; où se trouve la cause essentielle d'un gouvernement républicain vrai.

— Sous l'impulsion de nos révolutionnaires internationalistes, j'entends les grévistes de Montceau et de Marseille crier : « Vive la révolution sociale ! »

Ils ne savent donc pas, les malheureux, qu'en décidant la grève générale, qu'ils appellent la révolution sociale, ils proclament la ruine de nos industries, de notre commerce, en faveur de l'étranger, et le suicide du socialisme, partant, celui de la république ?

Et quelle compensation pensent-ils en retirer des étrangers dont ils font les affaires en France ?

Pensent-ils que les Italiens les recevront aussi courtoisement dans le port de Gênes qu'ils les reçurent eux-mêmes dans le port de Marseille que le premier aura détruit ?

Malheureux ouvrier, où t'ont donc conduit les perfides théories et les manœuvres des hommes que tu as eu la faiblesse d'écouter ! — A ta destruction, à la destruction de ton pays !

Par leurs conseils, dans ta générosité fougueuse, tu invites l'étranger à venir chez toi manger ton pain, celui de tes enfants !

— Dieu sait l'accueil qui t'est réservé lorsque tu lui demanderas d'aller chez lui mendier le tien !

C'est alors que, reconnaissant les beautés de l'internationalisme, tu sentiras le besoin de te ressaisir ; mais il ne sera plus temps ! Il ne sera plus temps de confondre la fraternité des peuples avec l'abnégation de soi-même et le sacrifice de la patrie, dont ces hommes néfastes, tes directeurs, en haine de l'armée qui devait défendre ses frontières et son honneur national, te conseillent de livrer à l'étranger !

———

Reste maintenant à nous entendre sur ce que j'appelle le bourgeois, et sur ce que j'appelle le gouvernement bourgeois.

J'appelle bourgeois toute individualité qui place l'argent au-dessus de tout, et s'en fait un instrument de domination, sans se préoccuper que les autres n'auront pas non seulement le nécessaire, mais même les moyens de se le procurer ; qui n'a d'autre sentiment que celui de son orgueil, et se croit placé au-dessus de l'humanité entière qu'il met au-dessous de sa présomptueuse personne, s'infatuant de ce que la fortune lui a souri, sans regarder aux moyens qu'il aura employés pour la séduire. Et la fortune étant aveugle, ce n'est pas à elle qu'ira sa reconnaissance, ni au hasard qui la suit, mais à ses propres mérites, à son avisement, à sa *roublardise !*

Mais je n'appelle pas bourgeois, dans le sens propre du mot, le chef d'industrie, le commerçant, que le même hasard aura favorisé par des bénéfices réalisés dans son commerce, dans son industrie, et qui, l'un comme l'autre, en faisant gagner leur vie à ses employés, à ses ouvriers, tout en se montrant bon et consciencieux envers eux, aura toujours un coin du cœur réservé à des sentiments de solidarité.

Le vrai bourgeois, alors, le bourgeois bien caractérisé, c'est celui qui réside parmi les exploiteurs du commerce et de l'industrie et que l'on est convenu d'appeler : les *financiers*, les *agioteurs*, les *accapareurs*, et enfin, pour ne pas se tromper, tous les partisans du gouvernement bourgeois.

Mais n'est pas bourgeois *répréhensible*, celui qui vient en seconde main du premier.

Et la différence est grande entre les deux : l'un joue sur la situation politique qu'il aura créée lui-même, l'autre ne fait que subir les conséquences économiques de cette politique.

Quant à l'argent qui va dans les caisses des deux sortes de bourgeois, l'affectation en est aussi bien différente : l'argent du premier est destiné à l'agiotage, à la contre-danse des affaires ; l'argent du second, au contraire, est impulsif, et sa destinée est de concourir à la marche générale.

Le premier, c'est l'égoïsme étroit ; le second, c'est l'ampleur dans l'action sociale.

Et comme à chaque chose aussi bien qu'à « chacun, selon son mérite », jetons l'anathème sur le premier, ayons des égards pour le second, respectons-le même, si celui qui le gagne est respectable par sa manière honnête de le gagner.

Cela dit, que l'on me permette de ne pas lâcher encore mon bourgeois : celui que j'appelle le vrai bourgeois qui ne vit que du trafic des affaires, source

vive de l'existence d'un peuple ; qui plutôt que de disposer de son argent pour donner de l'essor au commerce et à l'industrie, aura préféré le mettre au service de ses mauvaises passions dans tout ce qu'elles
auront de choquant, d'agressif, d'impur.

Qui, après s'être livré à la sarabande des écus, par
un agiotage immoral, créant ce trop plein scandaleux
entre les mains de quelques-uns pour faire la pénurie
du plus grand nombre, s'entourera d'un luxe inouï,
et, plein de morgue envers le petit, ne dédaignera
pas cependant de descendre un instant des sommets
de sa grandeur pour venir disputer à ce dernier ce
qui lui resterait de consolation à sa misère : la réputation de ses enfants !

Celui, enfin, que l'on verra se vautrer aux pieds
de l'ouvrière dont il dédaigne si cordialement l'auteur
de ses jours, pour obtenir des faveurs que l'argent
achète, mais que le cœur ne donne pas.

Poursuivant de ses assiduités cette pauvre créature étiolée et flétrie par l'atmosphère viciée et délé-
tère de l'atelier, qui se laissera séduire par un bout
de ruban, un colifichet quelconque, devant rehausser
un peu ce qui reste de sa beauté juvénile, à défaut
d'un cœur mort avant d'avoir vécu !

Dans l'échauffement d'une vie pleine d'ivresses,
lubrique, il se précipitera dans les bras de cette créature, innocente victime de la fatalité, rapprochant
ainsi une chair faite de perdreaux truffés sablant le
champagne, d'une chair faite d'un oignon cru sablant
un verre d'eau.

Horreur !

— Pauvre enfant, si pour partager avec lui un morceau de pain tu as dû abandonner ton maigre salaire à ton père sans travail, n'auras-tu pas toujours ce contentement d'avoir cette parure qui sied si bien à ta jeunesse, à ta beauté débile ? N'auras-tu pas ce bout de ruban que le jeune ouvrier qui eût été ton fiancé si ton père avait travaillé et t'eût laissée à la maison pour soigner tes petits frères, aurait, avec amour, lui-même fixé dans ta chevelure au lieu de ne voir en lui que le signe du déshonneur !

Mais si tu perds, en ton fiancé, l'espoir du bonheur de ta vie entière, contemple cet autre petit bout de ruban qui reflète sur la poitrine de ton séducteur ; ce sera une compensation à ce que tu auras perdu !

Vois comme il en est fier ! Et c'est à juste titre, car il lui a bien assez coûté, tout petit qu'il est ! Il lui a coûté plus cher qu'il n'a payé celui qu'il t'a offert, crois-le ! Mais il ne s'appelle pas du nom que l'on aura donné au tien !... Le sien s'appelle le ruban de « la Légion d'honneur » !

C'est un honneur, aujourd'hui, vois-tu, que de s'emparer adroitement de l'honneur des autres pour se hisser sur le pavois de la réputation d'où qu'elle vienne, pourvu qu'elle arrive ; la modestie, l'effacement devant plus fort, plus méritant que soi, ne comptant plus dans une société corrompue où l'amour, la vertu, le dévouement ont disparu pour faire place à la vanité, à l'égoïsme ; à la mauvaise foi, à l'orgueil ; à la forfaiture, à l'ignominie qu'accompagne le succès !

Mais si tu as à te réjouir de la fierté de ton séducteur à porter ce petit bout de ruban, hâte-toi, parce
que ta réjouissance ne sera pas de longue durée! Ce
signe distinctif de l'honneur, la plus haute récompense
qu'il soit au pouvoir de la république d'accorder à ses
enfants, a pour lui, perdu bien de sa valeur, tout le
monde pouvant l'acheter, jusqu'aux couturiers ayant
fait fortune dans les toilettes pour dames et malgré
plus de cent condamnations pour infractions à la loi
ouvrière ; parce qu'après la fortune, vois-tu, doivent
venir les honneurs !

— On en achetait sous Grévy, on en vend encore
aujourd'hui.

Ce ruban n'avait été créé que pour la récompense
aux services rendus au pays, à la patrie ! Aujourd'hui on le vend au plus offrant, d'où qu'il
vienne et quel qu'il soit, pourvu qu'il puisse se pré-
valoir de faire un bon cireur de bottes ministérielles !

Ce ne seront pas ceux qui auront rendu de vrais
services à la société, tels les patrons, qu'auront
recommandés leurs ouvriers, en reconnaissance de
leur bonne conduite à leur égard, qui obtiendront
cette distinction ; mais bien ceux qui se seront montré les plus intraitables, les plus tyranniques envers
ceux qui les servent.

— Ce ruban n'est donc plus, pour ton bourgeois,
que bagatelle ; ses aspirations vont plus haut ! Voilà
pourquoi je te dis : hâte-toi, parce que la joie va
cesser au moment où la monarchie venant à remplacer la république, il t'abandonnera pour se prodi-

guer en assiduités auprès des comtesses, la monarchie lui concédant ce que ne peut lui donner le
république: des titres de noblesse !

— Aujourd'hui il n'est que roturier, quoique
bourgeois ; demain il sera noble, quoique plus avili !...

— N'ai-je pas raison de te conseiller de te
hâter?...

———————

Passons maintenant au tour de ce que j'appelle le
gouvernement bourgeois.

J'appelle gouvernement bourgeois, exactement celui
que nous avons le bonheur de posséder depuis trente
ans, formé de la première catégorie des bourgeois
que j'ai mis en scène, et dont tous les efforts ten-
dent à mettre hors concours ceux que je fais figurer
au second plan avec le peuple qu'ils coudoient.

Je dis qu'ils les mettent hors concours lorsqu'ils
leur refusent le gouvernement qui les représenterait
exactement, c'est-à-dire le gouvernement de tous, le
gouvernement du peuple entier, la souveraineté nationale dans la république; république et souveraineté
nationale ne faisant qu'un, et cela pour n'admettre
que la domination d'une seule classe sur le peuple
entier, représentée dans l'organisation gouvernementale par un Sénat élu au suffrage restreint et par
ceux-là même qui forment cette classe, faisant, par
ainsi, litière de la seule représentation logique et
légitime qui est celle émanant du suffrage universel
direct.

Gouvernement bourgeois, celui qui, en tout temps, s'est opposé à une revision de la constitution, ne voulant voir dans cette revision qu'une atteinte portée à l'institution de ce même Sénat, sans songer que dans une certaine mesure, tout en ne touchant pas à la question de son existence, mais en modifiant seulement son mode d'élection, il serait possible de donner quelque satisfaction au peuple, comme, par exemple, de le faire nommer par la totalité des membres des conseils municipaux de France, représentation exacte de l'opinion publique, au lieu de ne les faire nommer que par des délégués de ces mêmes conseils municipaux.

— Mais, par ce mode d'élection se rapprochant si singulièrement du suffrage universel, puisque le rôle du Sénat est si différent de celui de la Chambre, à quoi bon la même origine sinon une origine similaire ? dira-t-on !

A cela je répondrai : — Que vous importe le reste, puisque la crainte de sa suppression, qui vous hante, sera dissipée ? Votre part sera faite, et faite aussi sera la part que le peuple pourrait réclamer, car le rapprochement du Sénat du suffrage universel, s'il n'était l'idéal de la république démocratique, dans toute l'acception du mot, serait le rapprochement de la bourgeoisie du peuple qui se dispenserait certainement d'en demander davantage au point de vue de l'organisation des pouvoirs publics, malgré qu'à mon avis (et contre votre prétention) le Sénat soit un rouage complètement inutile, sinon encombrant, dans l'organisation d'un gouvernement républicain.

-- Mais à quoi bon insister davantage ! Nos dirigeants y ont certes bien pensé avant moi !

— Mais, encore une fois, que leur importe le peuple ? Qu'est ce, pour eux, que le peuple ? — Rien, puisque eux sont tout !

———

Et maintenant, ô lecteur, si tu trouves que je n'ai pas trop abusé de ta patience à m'écouter jusqu'ici, et que tu te sentes le courage de me suivre jusqu'au bout, à la sincère exposition de mes idées, à mes exhortations que je n'aurais jamais su rendre trop vives, veuille aussi prendre part à l'épanchement de mes tristesses sur l'état présent dévolu à notre malheureux pays !

J'ai déjà établi combien la faiblesse des gouvernements envers ceux qui les flattèrent, et le mépris des engagements contractés envers la nation par ces derniers, avaient porté atteinte à la foi et à la moralité publiques : les gouvernements pour se maintenir plus longtemps au pouvoir, leurs flatteurs pour en retirer des compensations.

Par la suite, j'ai aussi montré combien la faiblesse calculée de ces gouvernements avait été funeste, tout à la fois, aux esprits droits qui ne voyaient dans l'affaire Dreyfus qu'une atteinte à la probité publique, et à l'opinion publique tout entière, par l'immixtion du doute cruel à la place de la douce illusion !

Elle a creusé un fossé si profond, que la république est menacée d'en faire son tombeau par le trouble qu'elle a mis dans les consciences, conduisant à douter de sa puissance à maintenir la paix et l'honneur du pays vis-à-vis d'elle-même, et de l'étranger ; et pressentir qu'un intermède pût être rompli par un nouveau régime, au rétablissement duquel, du reste, ceux qui sont actuellement au pouvoir, ne cessent de travailler ; et pour, qu'enfin, son retour, dans une période de quelque vingt ans, puisse compter sur une génération d'hommes nouveaux et moins usés que ceux d'aujourd'hui.

Car il faut bien l'avouer, hélas ! A tous les faits et les causes que j'ai cités, doit être attribuée la constance, que l'on a eue depuis trente ans, de conserver toujours ces mêmes hommes, sans songer que la France en possédait certes bien d'autres dont les capacités, les qualités personnelles, la bonne volonté et le patriotisme pouvaient se recommander de la confiance des Français, et concourir à un état de choses préférable à celui que faisaient malheureusement pressentir la conduite et les actes des premiers.

Mais non, bien qu'on le reconnaisse, on s'obstine encore, et, dès lors, la république est fatalement condamnée au suicide volontaire, pour, après avoir réparé ses propres forces de jadis, revenir dans une période déterminée, réparer les fautes des gouvernements qui les précédèrent.

Tout nous montre que nous sommes au point de

la route où il va falloir bifurquer à droite ou à gauche.

Lorsque l'on voit fouler aux pieds tous les principes qui constituent l'Etat démocratique pour les remplacer par les convoitises, les appétits d'une bourgeoisie qui tend à se créer des privilèges autrefois revendiqués par la seule noblesse ;

Lorsque pour commencer on voit cette bourgeoisie, et par les moyens les plus inavouables, tout tenter pour obtenir des distinctions honorifiques ;

Lorsque l'on voit cette haine nourrie contre tout ce qui fut grand, honoré, respecté ; tout ce qui peut contribuer à augmenter la gloire de la nation, témoin l'héroïne de Domrémy que, sans protester avec horreur, on laisse traiter de cabotine parce qu'elle avait voulu sauver le pays, plutôt que de le vendre aux Anglais, comme ils le vendent à l'Allemagne en déifiant la trahison ;

Lorsque l'on voit le héros de Fachoda désavoué, disgracié par ceux-là mêmes qui l'avaient chargé secrètement d'aller planter le drapeau de la France sur la terre d'Afrique, bafoué par eux comme trop vive attestation de leur couardise, et parce que jaloux de sa gloire, soustrait aux ovations si vaillamment méritées parce qu'elles partaient de cœurs patriotes ;

Lorsque l'on voit partir pour l'exil et la prison les meilleurs des Français, par ressentiment de ce qu'ils voulaient une direction républicaine sous la république ; le règne de la démocratie sous un gouvernement populaire ;

Lorsque l'on voit toutes ces choses, dis-je, on ne peut qu'en déduire que nous sommes proches de la fin !

Combien nos pères ne se seraient-ils sentis refroidis dans leur ardeur à combattre les privilèges de la noblesse, s'ils avaient pu croire qu'un jour, faisant mépris de leurs héroïsmes, leurs descendants vendraient leur âme, pour se revêtir de ces mêmes privilèges, afin d'exercer sur leurs frères la plus arrogante des tyrannies qui se soit jamais fait jour, et, d'autant plus humiliante pour ceux qui la subissent, qu'elle part de plus bas.

Si, autrefois, ces privilèges étaient la propriété de la noblesse, ils étaient exercés en vertu d'un droit, contestable peut-être, mais établi depuis si longtemps, qu'il pouvait sembler tout naturel dans une société où l'on ne connaissait pas encore le mot démocratie. D'ailleurs pour racheter ce droit, ces nobles avaient le sentiment de l'honneur et l'amour de la patrie !

Au seul nom de patrie ils n'hésitaient pas à se lever spontanément pour la défendre sur les champs de bataille, tandis qu'aujourd'hui, ne cherchent à s'en emparer que ceux-là précisément qui demandent la suppression de l'armée qui les gêne dans leurs sombres projets de livrer à l'étranger leur pays sans défense, et n'ont pour tout droit que celui dû à l'insolence de l'argent, et n'aiment leur patrie qu'en raison des profits qu'ils peuvent en retirer.

Prolétaires hier, ils sont aujourd'hui l'aristocratie

bourgeoise. Et de même que la peau des peuples est le manteau de ses tyrans, ils cherchent, eux, à se faire, de cette peau, des lanières pour flageller ceux qui aujourd'hui sont ce qu'ils étaient eux-mêmes hier !

Sans défense contre les entreprises de tels cannibales, la république du peuple aura beau se débattre, si la colère du peuple n'oppose, comme en d'autres temps, une barrière à leurs empiètements, elle sera forcée de succomber.

A leurs arrogances toujours croissantes, ils ont cru devoir ajouter celle de lui opposer leur république bâtarde et inique, qu'ils ont mise sous la garde, ou pour mieux dire, l'offensive agression, de leur gouvernement dit de « défense républicaine ».

Devant ce défi à qui appartiendra la victoire ?

Hélas ! *l'immanence* de la justice n'empêche pas ses écarts, et ne laisse pas que de donner une cruelle anxiété sur l'éclat de la vérité qu'elle cache sous ses plis mystérieux.

Et si de guerre lasse, la France après avoir maudit les exploits de ses bourreaux, se voyait forcée d'assister au sacrifice de cette république pour laquelle ses enfants ont tant combattu, qui a coûté tant d'efforts, de peines, de dangers, d'héroïsme, se jetait à la fin dans les bras d'un régime plus clément, quoique moins désiré, à notre résignation, il restera toujours la consolation de voir survivre *l'humanitarisme*, tendant les bras aux pauvres déshérités de ce monde. Car dans la succession des divers gouvernements, l'humanitarisme ne perdit jamais ses droits ; parce que si les gouvernements sont véreux, la conscience publique ne l'est pas ; et que toutes les généreuses passions sont dans son attribut !

Dans tous les temps, dans notre beau pays de France, lorsque s'est déclarée une infortune, sans une minute d'hésitation on a vu s'empresser pour la secourir tout ce qui porte un cœur fraternel ! Franchissant même les frontières, une catastrophe, une calamité pas plus tôt connue, on la voit accourir en tête de l'héroïque phalange de la charité, de la pitié, de la bienfaisance, précieuses qualités de son âme !

— Et ce n'est que dans ce cas qu'elle comprend *l'internationalisme.*

Moins absolu dans ses principes, et dépouillé de la forme pompeuse (et trompeuse) que l'on donne à des théories impossibles et irréalisables, et qui, dans tous les cas, ne porteraient que sur ceux qui fourniraient une certaine somme de travail, plus prévoyant, et plein de sollicitude, l'humanitarisme tend également les bras, et à ceux dont le travail ne suffirait pas aux soins de l'existence ; à ceux à qui la nature aurait refusé toute faculté de travail ; et enfin à tous les déshérités de ce monde !

Il comprend que tous ont droit à la vie ! l'homme et la femme pour procréer et donner à la société des enfants valides pour travailler, lorsqu'on peut leur fournir du travail ; pour défendre la patrie menacée et mourir pour elle, au besoin ; Et aussi les invalides pour mendier, puisqu'ils ne peuvent faire autrement !

Mais c'est dans ce dernier cas que la pitié doit s'exercer, et chercher à soustraire ces malheureuses créatures à cette si humiliante nécessité !

C'est à l'initiative des grands cœurs que l'humanitarisme, qui cherche sa voie pour se manifester dans toute sa puissance, fait constamment appel pour la lui indiquer : il fait appel aux riches, désirant qu'au lieu de péricliter leur fortune s'accroisse encore, parce que leur générosité s'étendra en raison de cette progressivité.

Il fait appel aux nobles, aux bourgeois, au paysan, à l'artisan !

Il fait appel à tous les éléments qui ont aidé à donner à la France le renom qui lui a valu la première place dans le monde lorsqu'on a parlé de qualités du cœur, d'élévation d'esprit, de grandeur d'âme et de dignité humaine !

— J'apporte mon tribut à cette noble cause, soumettant un projet en appel d'autres propositions qui pourraient être meilleures, sinon plus pratiques et réalisables.

Ainsi que je l'annonce dès le début, ce projet que j'intitule : *Groupes agricoles de France* avait été conçu dans l'unique but de donner satisfaction intime au désir le plus ardent que puisse ressentir un cœur humain de ne pas voir maudire la destinée par ceux que la société abandonne, et sans penser que, de sitôt, je dusse le sortir de l'obscurité à laquelle il semblait condamné par la raison que j'ai déjà donnée au rapport des conditions actuelles de la société, et aussi pour une autre raison que j'ai tue jusqu'ici, mais qu'au risque d'être tancé de naïveté je ne dois plus passer sous silence : c'est mon inhabileté dans l'art d'écrire, et, partant, la crainte de faire quelque peu sourire ceux qui aiment les choses bien dites sans préoccupation de ce qu'elles soient bien conçues.

En attendant que nous soyons tous, non seulement bacheliers, mais plus qu'académiciens, comme semblent nous le promettre les collectivistes de l'étranger pour le moment où ils auront établi le collectivisme, renchérissant sur les collectivistes français qui promettent de nous faire tous propriétaires, j'ai pensé que dans le sens humanitaire, les mérites de l'homme devant se calculer d'après les qualités du cœur et et non d'après la culture de l'esprit, à la manière élégante d'exprimer sa pensée il pouvait être, suppléé par la bonne foi et la bonne volonté qui, si elles ne vous donnent pas les moyens de bien dire, peuvent, tout au moins, vous donner ceux de vous faire comprendre. Et c'est là, la seule chose à laquelle j'aspire !

Dans cette hypothèse, sans plus ample réflexion, lorsque de la question sociale, tant agitée en ce moment, j'ai vu surgir le collectivisme qui, en outre de ses dangers pour ceux qu'il vise, néglige ceux qui, cependant, sont les plus dignes d'intérêt puisqu'ils sont les plus malheureux, j'ai cru devoir dire mon mot sur les hommes qui s'en occupent et les choses qui s'y rapportent, ne serait-ce que pour donner un peu de distraction aux esprits et établir la différence entre leur proposition et la mienne, sans songer à sortir celle-ci du cercle de l'utopie auquel je n'ai pas cherché, plus que de raison, à lui enlever le caractère.

Et puisque, suivant une expression courante, le mal est fait, implorant la généreuse indulgence de l'âme française, je supplierai de ne pas m'arracher à mon rêve et de laisser à ma faible imagination qui a donné toute la substance qu'elle pouvait contenir, le soin, après la satisfaction du devoir accompli envers ses semblables, d'affirmer que rien n'a manqué au désir de mieux faire.

Mais, si je ne pouvais faire mieux, ne me concédera-t-on pas que les entreprises de certaine envergure, comme celle que je préconise, se réclamant plutôt du concours d'une réunion d'intelligences, je n'aie fait tout ce qui pouvait sortir de l'action inévitablement insuffisante d'un seul ?

Quoiqu'il en retourne, mon but étant uniquement de faire appel aux personnalités à idées larges et généreuses que ma tentative aurait pu inspirer, pour apporter chacune sa pierre à l'édifice, s'il m'est donné de voir que cet appel aura été entendu et que d'autres plus autorisés, se seront laissés aller à la continuation de l'œuvre dont j'ai pris l'initiative, mon vœu sera exaucé ! Et j'aurai recueilli la plus haute récompense, à laquelle j'eusse jamais osé prétendre, en faveur de mes efforts tendant à l'amélioration du sort des malheureux, c'est-à-dire au triomphe d'un nationalisme tel, à mon avis, que tout cœur vraiment français devrait le comprendre.

GROUPES AGRICOLES DE FRANCE

AVANT-PROPOS

En l'état de choses actuel, quelques efforts que l'on fasse pour créer les ressources nécessaires au soulagement du pauvre, on ne pourra jamais que très insuffisamment atteindre à la hauteur de ses besoins : ni bureau de bienfaisance, ni fêtes à son profit, ni enfin assistances de toutes sortes, sous quelque forme qu'elles se manifestent, n'empêcheront qu'il ne soit mal logé, mal vêtu, mal nourri, et avec cela la souffrance morale éprouvée par la monotonie de sa malheureuse existence, inévitable produit de cette oisiveté qui, loin de lui permettre des distractions, le reflue, au contraire, en lui-même pour ne lui laisser que la tristesse de voir combien il est seul, humilié de son inutilité, et classé au-dessous de l'espèce humaine dont la nature le fit pourtant la créature !

En effet, que ne ressentent-ils pas, ces pauvres déshérités, devant le mépris dont les accablent ceux qui furent mieux partagés du sort ; et combien ne se sentiraient-ils pas plus heureux d'être loin de la vue de ceux qu'ils se sont habitués à ne considérer que comme des ennemis sans conscience ni pitié ; ceux qui furent mieux partagés, et ne durent parfois leur fortune qu'à des moyens plus ou moins avouables.

Le besoin les poussant, se hasardent-ils, malgré tout, à leur tendre une main timide pour solliciter une aumône que déjà ils prévoient devoir leur être refusée ; refusée aussi bien par ceux qui les dédaignent par instinct, que par ceux qui, passant à côté de cette misère, la peuvent croire feinte, et par ceux enfin qui, ne pouvant les soulager, n'ont qu'à gémir sur l'insuffisance de leurs propres ressources pour les secourir !

D'où il résulte douleur et humiliation pour le pauvre, ainsi que pour ceux qui ne peuvent le secourir ; gêne et ennuis pour le riche, qu'offusque tout cet étalage de misères !

Dans les villes, surtout à Paris, le pauvre est réellement trop malheureux ; mal et insalubrement logé, mal nourri, mal vêtu, pas du tout chauffé, avec cela écrasé par la vue de l'opulence et le sentiment de son infériorité, dédaigné de ses semblables, peut-on être plus réellement à plaindre ?

Aussi, tous les ans, aux approches de l'hiver, voit-on se manifester une généreuse émulation, à l'idée qu'un si grand nombre d'êtres vont avoir tant à souffrir, pour rechercher les moyens de pallier leurs souffrances.

Mais ces moyens sont-ils de nature à produire de bons résultats ?

Les uns offrent de fournir aux nécessiteux des indications afin de pouvoir s'adresser aux personnes ou établissements qui devraient leur venir en aide; mais ce ne sera que dans une certaine catégorie de pauvres, la moins intéressante, mais la plus osée, que l'on rencontrera ceux qui se sentiront la hardiesse d'y accourir.

D'autres proposent de soulager la misère par le travail, dans des ateliers que l'on créerait à cet effet; mais tous ne peuvent travailler, et peu sont d'avis de créer des ateliers, le plus souvent la reconnaissance ne venant pas en compensation de toutes les peines et tracas qu'ils se seront donnés, et des responsabilités qu'ils auront encourues.

D'autres, enfin, s'empressent de mettre au service de la cause les ressources de leur esprit, exaltant dans des écrits et des discours différents systèmes qui, s'ils n'offrent pas même la plus petite amélioration au sort des malheureux, n'en ont pas moins pour résultat de servir leur réputation, sans qu'ils aient pour cela à pousser l'esprit de sacrifice jusqu'à délier les cordons de leur bourse en appui de l'intérêt dont ils semblent animés envers ceux dont ils prennent la défense.

Je ne parlerai pas de diverses agences dont l'une, entre autres, affichait, il y a quelque temps, des « *annonces du travail, du commerce et de l'industrie, ou l'art de gagner sa vie à Paris — Indications de restaurants à bon marché* », pas plus que du discours qu'un magistrat devait prononcer, dans le même temps, à l'occasion de la réouverture des cours et tribunaux, sur la suppression de la mendicité; discours qu'il ne put prononcer, je ne sais plus par suite de quel empêchement. — C'est bien regrettable que nous n'ayions pu connaître les moyens qu'il eût indiqués, les arguments qu'il eût invoqués, à l'appui de sa thèse ; mais nous devons supposer, toutefois, que ce n'soit que guidé par un sentiment de commisération envers le mendiant !

Quotidiennement aussi, par la voix des journaux, il est fait appel à la charité en faveur d'infortunes privées ; mais les secours qu'on leur envoie, outre qu'ils n'intéressent pas la généralité, leur sont le plus souvent insuffisants, quoique momentanés, les frais qu'entraîne leur résidence dans la ville ne faisant qu'augmenter sensiblement leurs besoins.

Tout cela n'avance à rien ; ne décide, ne résoud absolument rien ; — En admettant même que l'on parvienne à soulager le présent, quelles garanties fournit-on à l'avenir ? Et sans l'espérance, la vie est-elle supportable ?... Vivre au jour le jour, n'est-ce pas une mort anticipée de tous les instants ?... Et l'imprévu ! le terrible imprévu, n'est-il pas le plus atroce des tourments ?

En attendant, les provinces se dépeuplent de plus en plus pour refluer vers les grands centres, touchées par le mirage des ressources supposées que n'offrent pas les campagnes, où tout est à découvert, ne laissant voir que le manque absolu de tous les éléments nécessaires à l'existence, tandis qu'à la ville tout sourit et plaide en faveur des apparences.

La ville ne semble-t-elle pas renfermer tous les moyens de procurer le bien-être à ceux qui l'habitent ? N'y voit-on pas tant de gens bien habillés, en place des haillons qui couvrent les épaules du paysan ? De cette animation, de cet air de fête continuels, ne se dégage-t-il pas un caractère particulier aux grandes villes fait pour vous séduire, vous entraîner ? N'y a-t il pas là un mystère à pénétrer ? Mystère qui s'augmente en raison de l'importance des agglomérations ?

— Toutes questions que se fait celui qui cherche son pain !

De là, toutes ces pérégrinations d'une ville à une autre, en commençant par celles de moindre importance, pour arriver à Paris qui tient le sommet !

— A Paris, où l'on rencontre l'opulence, apanage des grandes fortunes, et le bien-être dont paraît jouir le travailleur, non pas le travailleur qui croupit dans son taudis, mais bien celui que l'on aperçoit dans la rue avec cet air joyeux d'un homme qui gagne sa vie.

— A Paris, illusion de ce grand festin dont il semble impossible de ne pas récolter quelques miettes !

En présence de cette situation, et des tristes conséquences qui en découlent, n'appartient-il pas à celui dont l'esprit et le cœur auront conçu des idées propres à les faire disparaître, d'exposer ces idées et les soumettre au jugement de tous ceux qui s'inspirent de l'intérêt, de la pitié, du dévouement envers les pauvres victimes de la destinée ?

A l'impuissance des industries des villes à fournir du travail à tous les bras inoccupés ; à l'insuffisance des ressources par trop limitées des institutions de bienfaisance, n'y aurait-il pas lieu de faire appel à d'autres éléments ? Et ne pourrait-on pas les trouver dans le sol, par exemple, le sol qui ne demande qu'à fournir ses produits en échange du travail de ceux qui le cultivent ; et des villes, qui n'ont qu'en faire, ne pourrait-on pas transporter tous ces malheureux dans des terres à cultiver et à défricher pour les préparer à la culture ?

C'est là, à mon idée, qu'il faudrait puiser, parce que c'est là où chacun trouverait place : celui qui jouissant de la plénitude de ses forces les utiliserait au travail ; celui qui n'aurait à lui consacrer que celles qui lui restent encore ; et, enfin, ceux que la nature, ou des circonstances, privèrent de tout usage de leurs facultés, et qui, enlevés du pavé des villes, suivraient les premiers au lieu même où la bienfaisance viendrait les trouver.

Ainsi ceux qui transportés dans des régions où le grand air, le soleil dans tous ses effets réconfortants ; le mouvement reconstituant leurs forces ; une nourriture saine et le corps suffisamment garanti des intempéries ; libres et fiers d'avoir recouvré ce que la société leur avait refusé, c'est-à-dire la dignité humaine conquise par le travail, ne seraient-ils pas là, dans leur véritable élément ?

De même des villes, combien ne seraient-elles pas soulagées d'avoir hors de leur vue ces pauvres déshérités, toujours prêts à porter accusation de déni de conscience contre les riches, qui, intimement, n'eussent pas mieux demandé, peut-être, que d'aider à l'amélioration de leur sort, si on leur en eût indiqué les moyens.

Ces moyens une fois acquis, et pour leur réhabilitation, il ne resterait donc plus à ceux qui possèdent qu'à établir des liens de solidarité avec ceux qui ne possèdent pas, en accourant s'inscrire au tableau d'honneur des souscriptions ouvertes à l'effet de procurer les moyens d'arriver à cette grave transformation.

— Que ceux qui possèdent joignent présentement leurs efforts aux ressources futures qu'offre la culture des terres, et tout porte à croire que la question est résolue !

En outre des considérations déjà émises, cette résolution aurait pour résultats, d'abord la suppression de la mendicité qui aurait perdu sa raison d'être ; ensuite la disparition de l'anarchisme contre les défectuosités de l'organisation sociale, et, enfin, l'amour de la patrie inculqué chez ceux qui la considéreraient alors comme leur véritable mère !

— Quelle œuvre grandiose, et quelle gloire pour ceux qui y auraient coopéré : Rendre à Dieu sa créature !

N'est-ce pas la lui rendre, en effet, que de laisser à la terre, sur laquelle il la fit naître, le soin de lui assurer l'existence en échange du travail et des labeurs qui lui furent imposés en même temps.

Quel enthousiasme ! Quelle expression d'allégresse exhalés par ces cœurs réhabilités à l'adresse de ces sublimes bienfaiteurs de l'humanité !

Seule, la satisfaction d'avoir accompli cette bonne œuvre, quoique devant être estimée à une bien grande valeur par ses coopérateurs, ne serait que le plus faible degré de leur récompense. Et quelle ne serait pas alors l'immensité de cette récompense, si, à cette satisfaction venait s'ajouter, aux cris de joie et de bénédiction des affranchis de la misère, l'admiration de tous les peuples !

Etablissement hospitalier précurseur des Groupes Agricoles de France.

Pénétré de la grandeur de l'acte de relèvement de la classe déshéritée, et me laissant aller aux aspirations d'une âme exaltée pour le bien, je soumets un projet qui en résumant ce qui fut l'objet des préoccupations, des ardeurs de toute ma vie, à savoir le droit de vivre aussi heureux que puisse l'être chacun dans sa condition, procurerait, je crois, le moyen d'atteindre au but tant poursuivi par les âmes généreuses.

Ce projet consiste en l'établissement de colonies agricoles, auxquelles je donnerai la qualification de *Groupes agricoles de France* (sous réserve d'une autre qualification), et serait le fondement d'une entreprise appelée à assurer l'avenir de tous les pauvres nécessiteux.

Mais, en admettant que de toutes les autres propositions qui pourraient se produire ayant le même but, la mienne serait la seule reconnue de nature à être mise à l'épreuve, on doit se représenter que cette œuvre ne peut s'accomplir en un jour; et que le pauvre souffre, achevant de se consumer dans sa désespérance !

Il importe donc, au plus tôt, d'aller à son secours.

Dans cette extrémité, et en attendant que des ressources suffisantes permettent la réalisation de mon rêve, je proposerais qu'il fût élevé à distance de Paris un établissement purement hospitalier, qui, en supprimant la mendicité par nécessité, supprimerait aussi la mendicité professionnelle, faisant cesser ce scandale de mendiants qui laissent une fortune après eux, suscitant ainsi la méfiance envers le mendiant nécessiteux.

A cet égard il serait fait acquisition d'un terrain d'une certaine étendue pour y édifier, comme champ d'expérience, des bâtiments dans la forme de ceux qui plus tard devraient précéder les habitations particulières devant s'établir dans les *fermes* des *groupes agricoles* de mon projet, c'est-à-dire ceux qui auraient pour affectation de donner abri et nourriture à tous les malheureux que la charité aurait envoyés là, au lieu de les aider à vivre à Paris, et à des conditions tout à la fois plus économiques pour elle et plus réconfortantes pour eux.

Je dis, plus économiques pour elle, car au nombre des avantages qu'offre mon projet, il faut retenir celui-ci, que dans les institutions philanthropiques déjà existantes, les frais d'administration absorbent une très grande partie des ressources que leur fournit la générosité publique : chose inévitable d'ailleurs, leur action ne s'exerçant qu'en vertu de rétributions accordées à des fonctionnaires dont le nombre et les émoluments seraient sensiblement réduits dans le fonctionnement de la nouvelle institution.

Entre autres, et par exemple, prenons à partie une institution dont l'utilité et les services sont incontestables : les asiles de nuit.

Encore que ces établissements ne servent que pour l'abri d'une nuit, ou pour un nombre forcément restreint de nuits, faut-il pour leur fonctionnement avoir recours à des mercenaires, alors que l'établissement que je préconise offre ce tout autre avantage de donner incessamment asile de nuit et de jour à quantité de gens sans avoir recours à rétributions.

— Seraient admis dans cet établissement, ceux qui sont sans gîte ; les convalescents sans ressource ; tous nécessiteux enfin, valides et invalides, ces derniers devant plus tard être répartis dans les formes des groupes agricoles.

Conditions préliminaires à l'établissement des Groupes Agricoles.

Avant d'aborder la question de mise en mouvement de l'établissement des groupes agricoles de mon projet, il est nécessaire d'établir qu'afin d'éviter qu'il ne soit porté préjudice à l'élément industriel, la nouvelle institution devra se mutualiser avec lui de façon à ce que les industries des villes n'aient qu'à faire appel au *comité* qui la représente, et par la voix de leurs représentants, ou syndicats, pour la revendication des ouvriers assimilés qu'à une époque de chômage la colonie aurait recueillis et qui leur seraient nécessaires lors d'une reprise de travail.

De même, l'agriculteur n'aurait qu'à s'adresser directement aux *fermes*, pour se procurer les bras qui lui feraient défaut, et dont ces dernières pourraient disposer.

La question des frais de déplacement et de retenue sur le salaire de l'ouvrier requis, en faveur de la caisse coloniale des *retraites*, serait réglée entre les patrons et ledit comité, pour ceux ayant opté pour la colonie.

Mais le but que l'on se propose étant de faire revenir dans les campagnes ceux qui les avaient quittées pour reprendre le travail des champs, et fournir à l'agriculture les bras qui lui font défaut, si les ouvriers de l'industrie sont compris dans le nombre des admissions de la société agricole, cela ne veut pas dire que ce soit un refuge accordé à la paresse, mais simplement une sauvegarde contre la détresse et le souci de mettre fin à leurs souffrances. Aussi doit-on se saisir des voies d'entraînement par l'exemple pour exciter leur ardeur au travail, comptant sur l'amour-propre qui distingue particulièrement le caractère du Français, lui faisant prendre à cœur de ne se laisser dépasser par personne lorsqu'il s'agit de donner des preuves de courage, d'activité et d'intelligence, dans tout ce qu'il lui est possible d'accomplir, et espérant tout de sa bonne volonté, en reconnaissance de ce qu'on aura bien voulu faire pour lui. Du reste, leur passage dans la colonie ne devra être considéré que comme accidentel, et à titre provisoire, pour le plus grand nombre. Ce n'est que pour ceux qui seraient dans l'intention d'opter pour la colonie qu'il y aurait lieu de faire des réserves. Encore n'a-t-on pas à s'en préoccuper outre mesure, seule, leur bonne conduite, devant décider leur admission.

Groupes agricoles de France.

Pour généraliser, l'institution prendrait le nom de « Groupes agricoles de France » et serait représentée par un comité qui porterait le titre de « Comité central des groupes agricoles de France. »

Chacun de ces groupes se composerait d'autant de *fermes* que l'étendue des terres le permettrait, et la population de ces fermes varierait suivant que la nature du sol des terrains à cultiver demanderait un plus ou moins grand nombre de travailleurs.

Par la suite, des constructions s'élèveraient dans ces fermes pour servir d'habitation à ceux qui auraient été désignés pour les exploiter.

Mais avant, et c'est par là que l'on commencerait, on élèverait au centre de l'enclos les bâtiments devant être affectés aux services de l'alimentation et du logement; bâtiments qui lors de la construction des habitations particulières seraient transformés, du moins en partie, en magasins à fourrages, écuries, serrages, et toutes servitudes.

Pour l'alimentation, il serait établi des salles de réfectoire, les unes pour les hommes, les autres pour les femmes, et suivant les catégories que l'on aura dû faire parmi les travailleurs dont le régime alimentaire serait modifié en raison des forces à dépenser dans leur travail.

Les enfants auraient aussi leurs réfectoires, l'un pour les garçons, l'autre pour les filles, et autant que possible rapprochés de l'école.

Pour le logement, on établirait des dortoirs en chambrées, ou par pièces séparées, comme il conviendrait, les uns pour les hommes, les autres pour les femmes.

De même pour les enfants, dont les dortoirs, comme les réfectoires, seraient dans le voisinage de l'école.

Les enfants des deux sexes nés dans la colonie, ou entrés avant l'âge de quinze ans, devraient leur travail jusqu'à l'âge de vingt ans ; après quoi ils auraient liberté d'abandonner la colonie définitivement, ou bien avec faculté d'y retourner après une absence dont on aurait déterminé le maximum de durée, et cela pour qu'ils aient toute liberté de choisir entre la condition qui leur était faite dans la colonie et celle qui pourrait leur être offerte au dehors.

Les enfants fréquenteraient l'école jusqu'à l'âge de quatorze ans pour y recevoir l'instruction élémentaire, l'enseignement des principes moraux qui régissent la société ; leurs devoirs envers leurs parents ; leurs obligations envers leurs concitoyens ; la reconnaissance envers leurs bienfaiteurs.

Après quoi ils seraient versés dans les travaux de l'agriculture, ou en apprentissage dans des ateliers organisés pour la confection du matériel agricole et des instruments aratoires, et tous autres métiers se rapportant aux besoins de la colonie pour le service de l'alimentation.

Mais l'objectif étant de fournir, sinon exclusivement, du moins le plus grand nombre possible de travailleurs à l'agriculture, toutes autres industries étant, même par surcroît, déjà pourvues d'assez d'ouvriers, tandis que l'agriculture se meurt faute de bras à son service, les enfants d'agriculteurs seront tenus de s'adonner, à l'exemple de leurs parents, au travail de la terre : aux orphelins appartiendrait de choisir entre cet état et les différents métiers exercés dans les fermes.

La colonie ne devant relever exclusivement que de la bienfaisance, et sous sa sauvegarde immédiate, il est par conséquent interdit d'une manière absolue à la spéculation, d'y prendre une place, si petite qu'elle soit : rien ne pourra se vendre ni s'acheter dans la colonie, tous approvisionnements en denrées, vêtements, et généralement, tous objets nécessaires à la vie, devant être livrés aux soins et volonté de l'administration.

Pour ceux que leur profession, ou les fonctions, feraient entrer dans la catégorie des fonctionnaires, tels, par exemple, le médecin, le pharmacien, l'instituteur, dont les conditions de régime alimentaire, et d'habitation, différeraient de celles des autres habitants de la colonie, leur situation serait réglée entre eux et l'administration.

Après vingt années de travail dans la colonie, chacun serait libre de la quitter, et sortirait nanti d'un engagement qui lui assurerait, après avoir atteint l'âge de soixante ans, une pension dont l'importance serait en raison des services rendus, et qui, en tout cas, ne serait pas inférieure à ce qui est indispensable aux besoins de l'existence.

— De même qu'il avait le droit de quitter la colonie, il aura aussi celui de la réintégrer à volonté.

Seraient compris dans cet espace de vingt ans de travail dans la colonie, le temps du service militaire, et celui des déplacement occasionnés par les besoins du dehors.

Ne pourra avoir droit à la retraite celui qui, entré après l'âge de quarante ans, n'aurait pu accomplir les vingt années exigées, à moins qu'il n'ait été reconnu que par sa conduite et son travail, le temps qu'il aura fait ne la lui mérite quand même, ou qu'entré tard dans la colonie, sa conduite ayant été reconnue parfaite, lui donnerait droit de réclamer cette retraite après l'âge de soixante ans.

En dehors de cette exception, les autres devront rester définitivement acquis à la colonie.

En attendant que l'on ait créé des ateliers, tout le matériel d'exploitation serait pris dans les villes ou bourgs les plus rapprochés.

Lorsqu'un certain nombre d'habitations particulibres seraient prêtes, on y établirait les ménages avec leurs enfants désignés par voie du sort.

Suivant la tournure des événements, on accorderait à des familles qui l'auraient méritée, l'exploitation, à titre de fermiers, de terrains pris en dehors des fermes agricoles, avec faculté de se servir des ouvriers de la colonie dans le cas où celle-ci pourrait en disposer.

— Ce serait là une perspective qui ne serait pas pour déplaire à ceux que l'on jugerait dignes de cette faveur, tout en étant un encouragement pour ceux dont l'ambition tendrait à s'affranchir du régime des fermes.

— En terme général, rien, d'ailleurs, ne devrait être négligé pour l'encouragement au travail et à la bonne conduite, moyen de les attacher à la colonie pour, de là, les mener à l'affranchissement.

Il est à croire que partagés de la sorte, peu songeraient à faire défection à la colonie avant l'expiration de la période indiquée pour le droit à la retraite.

Si néanmoins il s'en rencontrait, toute liberté leur serait donnée de la quitter, sans que, toutefois, ils puissent porter accusation de ce qu'on se soit fait faute de les prévenir des difficultés qu'ils rencontreraient, lors d'une nouvelle demande en réintégration, dans la colonie : précaution très utile à prendre, parce qu'il est à supposer que les individus qui se mettraient dans ce cas n'auraient rien pouvant les recommander auprès de leurs semblables, et qu'une fois sortis, ils se trouveraient en butte à toutes les difficultés d'une vie sans issue qui n'aurait d'autre défaut que de les placer sous la surveillance publique à qui leur conduite aurait été dénoncée.

Comité central des groupes agricoles de France ou Comité d'honneur ou de haut patronage.

Le comité portant l'une de ces dénominations, se composerait de personnalités de tous pays, d'honorabilité parfaite.

Son action s'étendrait sur tous les comités, ou directions régionales, qui se formeraient ultérieurement.

Il aurait pour mission de faire ressortir le caractère et la grandeur de l'œuvre, et prendrait l'initiative des mesures propres à attirer le concours de toutes les générosités.

Préjugeant de l'avenir, et en prévision de bénéfices à réaliser par la vente des produits de la colonie venant en surcroît de sa consommation, il aurait à prévoir sur quels objets devrait porter leur affectation.

Il déciderait s'il n'y aurait pas lieu de demander à l'État une subvention équivalente à la décharge que produirait sur le budget de l'assistance publique la distraction des individus déjà secourus par elle, et qui passeraient à la colonie.

Le cas échéant, il intercéderait auprès de l'Etat afin que celui-ci intervienne soit auprès des communes pour obtenir concessions ou cessions de biens communaux, soit auprès des domaines en ce qui touche aux biens domaniaux.

Il exercerait son contrôle sur les décisions du comité exécutif, ou d'administration, en ce qui concerne les questions d'ordre supérieur d'établissement.

Comité exécutif ou Conseil d'administration.

Le conseil d'administration, avec pouvoir exécutif, serait formé d'une délégation de quelques-uns des membres du Comité central.

Il aurait pour attributions de résoudre, réglementer, et appliquer toutes questions d'administration générale, et, partant, de proposer les réformes nécessaires et changements utiles ;

Il désignerait les titulaires des principaux emplois dans les bureaux et les fermes ;

Il ordonnancerait les dépenses nécessitées pour tous frais d'établissements, achats de matériaux, transferts, et toutes autres se rapportant à l'exploitation et à l'alimentation des fermes ;

Il apposerait son *visa* sur les comptes et factures de fournisseurs, remises par ces derniers au *directeur d'administration* que celui-ci lui aurait déjà transmises pour la vérification ;

Il aviserait à l'encaissement du produit des souscriptions et toutes autres provenances.

Direction. — Directeur principal.

Au premier rang des emplois rétribués, dont il appartiendrait au conseil d'administration de désigner le titulaire, serait celui de directeur principal d'administration.

Ce fonctionnaire aurait pour attributions :

D'organiser et de diriger les bureaux ;

De recevoir les offres de fournisseurs ;

De délivrer des bons à payer par la caisse de l'administration aux fournisseurs, dont les comptes ou factures qu'il aurait transmises au conseil d'administration lui seraient retournées par ce dernier, revêtues du visa ;

De prendre note des demandes d'admission dans les colonies ; et, à cet égard, prendre tous renseignements nécessaires sur les individus qui se présenteraient ;

Des rapports avec les délégués des corporations ouvrières, et toutes communications qui lui seraient adressées.

Ses rapports, et ses comptes de gestion seraient remis au conseil d'administration, lors de ses réunions, ou sur simple réquisition de l'un de ses membres délégué par elle.

Imprimerie F. Deverdun, Buzançais (Indre).